張學亮 編著

古都遺韻

古都的厚重歷史遺韻

崧燁文化

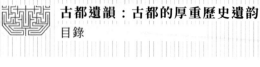

目錄

七朝都城　古都開封

古都杭州兩朝都城

序言

文化是民族的脈，是人民的精神家園血。

文化是立國之根，最終體現在文化的發展繁榮。博大精深的中華優秀傳統文化是我們在世界文化激盪中站穩腳跟的根基。中華文化源遠流長，積澱著中華民族最深層的精神追求，代表著中華民族獨特的精神標識，為中華民族生生不息、發展壯大提供了豐厚滋養。我們要認識中華文化的獨特創造、價值理念、鮮明特色，增強文化自信和價值自信。

面對世界各國形形色色的文化現象，面對各種眼花繚亂的現代傳媒，要堅持文化自信，古為今用、洋為中用、推陳出新，有鑑別地加以對待，有揚棄地予以繼承，傳承和昇華中華優秀傳統文化，增強國家文化軟實力。

浩浩歷史長河，熊熊文明薪火，中華文化源遠流長，滾滾黃河、滔滔長江，是最直接源頭，這兩大文化浪濤經過千百年沖刷洗禮和不斷交流、融合以及沉澱，最終形成了求同存異、兼收並蓄的輝煌燦爛的中華文明，也是世界上唯一綿延不絕而從沒中斷的古老文化，並始終充滿了生機與活力。

中華文化曾是東方文化搖籃，也是推動世界文明不斷前行的動力之一。早在五百年前，中華文化的四大發明催生了歐洲文藝復興運動和地理大發現。中國四大發明先後傳到西方，對於促進西方工業社會發展和形成，曾造成了重要作用。

中華文化的力量，已經深深熔鑄到我們的生命力、創造力和凝聚力中，是我們民族的基因。中華民族的精神，也已深深植根於綿延數千年的優秀文化傳統之中，是我們的精神家園。

總之，中華文化博大精深，是中華各族人民五千年來創造、傳承下來的物質文明和精神文明的總和，其內容包羅萬象，浩若星漢，具有很強文化縱深，蘊含豐富寶藏。我們要實現中華文化偉大復興，首先要站在傳統文化前沿，薪火相傳，一脈相承，弘揚和發展五千年來優秀的、光明的、先進的、科學的、文明的和自豪的文化現象，融合古今中外一切文化精華，構建具有

中華文化特色的現代民族文化，向世界和未來展示中華民族的文化力量、文化價值、文化形態與文化風采。

為此，在有關專家指導下，我們收集整理了大量古今資料和最新研究成果，特別編撰了本套大型書系。主要包括獨具特色的語言文字、浩如煙海的文化典籍、名揚世界的科技工藝、異彩紛呈的文學藝術、充滿智慧的中國哲學、完備而深刻的倫理道德、古風古韻的建築遺存、深具內涵的自然名勝、悠久傳承的歷史文明，還有各具特色又相互交融的地域文化和民族文化等，充分顯示了中華民族厚重文化底蘊和強大民族凝聚力，具有極強系統性、廣博性和規模性。

本套書系的特點是全景展現，縱橫捭闔，內容採取講故事的方式進行敘述，語言通俗，明白曉暢，圖文並茂，形象直觀，古風古韻，格調高雅，具有很強的可讀性、欣賞性、知識性和延伸性，能夠讓廣大讀者全面觸摸和感受中華文化的豐富內涵。

肖東發

六朝都城　古都商丘

▌三皇五帝開創中華遠古文明

　　商丘位於亞歐大陸東岸，中國東部，簡稱商或宋，擁有一千五百多年建都史、四千六百多年建城史，是中國六朝古都之一，也是中國歷史文化名城。因商人、商品、商業發源於商丘，商朝建都於商丘，商丘被譽為「三商之源‧華商之都」。

商丘古城門

商丘的歷史非常悠久。早在上古時期，商丘就已經是上古帝王之都。「三皇五帝」之中的顓頊與帝嚳先後建都於商丘。後來帝嚳之子契，也就是閼伯受封於商，即後來的商丘。此外，漢字的創造者倉頡也曾在商丘境內活動。他們和商丘人一起創造中國古老的文明。

　　三皇五帝：三皇起源於民間傳說，最為流行的說法是羲皇、燧皇和炎皇。五帝在中華文化中，一般指中國上古傳說中的五位聖明君主。最為流行的說法是黃帝、顓頊、帝嚳、堯和舜，其次是朝廷官方祭祀禮儀的專用詞彙，是最高祭祀等級的儀式之一。

　　倉頡是黃帝的史官，相傳漢字就是他創造的。他的墳墓位於商丘虞城。顓頊是黃帝的後裔，黃帝死後，因顓頊有聖德，就立他為帝。顓頊定都於帝丘，就是後來的河南濮陽西南，死後葬於商丘聊城。

　　燧人氏學會鑽木取火，他又將取火方法教給部族成員，人類由此邁向文明。後來，為了表達對燧人氏的感激與崇敬，人們推奉他為「三皇之首」。燧人氏死後葬於商丘古城西南的燧皇陵。

■燧人氏鑽木取火

燧皇陵位於商丘古城西南處，歷經多次修復和擴建，占地面積兩百九十三多平方公里。

墓塚呈方錐型，前面延伸有神道，兩側有龍鳳麒麟等石像生，周圍有松柏環繞，鬱鬱蔥蔥。陵前高台可容納一千五百人同時祭拜。陵園內綠草成茵，繁花似錦。

燧人氏墓塚高大，經歷代重修，燧皇陵已形成一個占地面積約四萬多平方公尺的陵園，長達五公里的圍牆和牆瓦古色古香，陵門三楹，十分壯觀。進入燧皇陵，首先看到的是一條神道，神道兩邊，有排列整齊的石雕，莊嚴肅穆，燧人氏墓塚和雕像矗立於陵區的中心，四周翠柏環抱，綠草如茵。

炎皇：又稱炎帝，朱襄氏是炎帝的別號，就是中國傳說中的神農氏，是中國傳說中農業和醫藥的發明者，為「三皇」之一，死後被人們運回祖居地和建都地商丘柘城東處。炎皇曾以陳州為都，陳州的柘城，就是後來的商丘柘城，當時屬於陳州轄區，所以說炎帝神農氏曾定都於商丘。

炎帝是華夏始祖之一，他與黃帝並稱為中華始祖，中國遠古時期部落首領。炎帝又稱赤帝，距今六千年至五千五百年左右生於寶雞姜水之岸。炎帝制耒耜，種五穀，治麻為布，作五絃琴，削木為弓，製作陶器，成為中華民族的人文初祖。他與黃帝結盟並逐漸形成華夏族，因此形成炎黃子孫。

炎皇神農氏德高望重，他在這裡安葬並建祠供世代祭祀。炎帝陵就是朱襄陵，位於河南柘城縣東五公里處，是商丘市重點文物保護單位。這座古老的寺院，石碑、古樹具有六百多年的歷史，後世又對先祖殿和先祖墓不斷重建和整修。

顓頊的侄子帝嚳曾在商丘建都。他前承炎黃，後迄堯舜，奠定了華夏的根基，是我們華夏民族的共同人文始祖，也是商族的第一位先公。帝嚳從小德行高尚，聰明能幹。他十五歲時就被顓頊選為助手，因有功被封於辛，就是商丘的高辛。

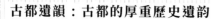

■燧皇陵

■帝嚳姓姬，名俊，號高辛氏，河南商丘人，是「三皇五帝」中的第三位帝王，即黃帝的曾孫，前承炎黃，後啟堯舜，奠定華夏根基，是華夏民族的共同人文始祖，商族的第一位先公，深受百姓愛戴。

帝嚳成為天下共主後，統領八個部落，把亳都作為都城，亳都就是河南商丘。帝嚳在位期間，遊察四方，向百姓普施恩德，並以仁德、信義和勤勞施教於民，各部落以和睦友好為上，各部落互相親善，友好往來。

據有關考證，僅帝嚳一系，就派生出一千多個姓氏，遍布海內外。在《百家姓》中，有兩百四十多個源於商丘。也就是說，商丘是中華姓氏的重要發源地。

《百家姓》：一本關於中文姓氏的書，成書於北宋初年。原收集姓氏四百一十一個，後增補到五百零四個，其中單姓四百四十四個，複姓六十個。

《百家姓》、《三字經》與《千字文》並稱「三百千」，是中國古代幼兒的啟蒙讀物。「趙錢孫李」成為《百家姓》前四姓，是因為百家姓形成於宋朝的吳越錢塘地區。

帝嚳死後葬於他的故地辛，就是商丘睢陽，墓地為高丘。在帝嚳陵前，建有帝嚳祠和禪門等建築。

帝嚳陵後世經過多次修復，殿宇雄偉壯觀，松柏蒼鬱，碑碣林立。梁上繪有彩龍，栩栩如生。在廟堂內中央有一口古井，相傳大旱之年求雨多有靈驗，所以被人們譽為「靈井」。陵前存有帝嚳祠、沐浴室、更衣亭和禪門等古建築，院中有大量碑刻。

■倉頡史皇氏，陝西省渭南市白水縣人。據《說文解字》記載，倉頡是黃帝時期造字的史官，被尊為「造字聖人。」建於漢代的倉頡廟內有一塊《倉聖鳥跡書碑》，相傳這就是倉頡當年所造像形文字的本形。這是世界上最早的象形文字。

相傳帝嚳的次妃簡狄，因吃玄鳥而生閼伯，閼伯也就是商的始祖。因「玄鳥生商」的傳說，商丘古時也被稱為「燕城」。

　　後來，帝嚳封忠誠而勤勉的閼伯在商丘任「火正」，專門負責管理火種與祭祀星辰。從此，閼伯就成了商的「火正」，封號為「商」。同時，帝嚳封實沈率族人去大夏，令他在大夏築高台觀測天象，主要觀測參星，即太白金星。

　　太白金星：金星，中國古代稱它為太白或太白金星。它是每天傍晚天快黑時，西南方出現最早的一顆很亮的星，比太陽落得還晚，所以叫「長庚星」，又因它比太陽出來的早，所以又叫「啟明星」，後也指神話傳說中的天神。

　　閼伯被封到「商」後，終日為火事操勞，讓火經久不息。大家感激閼伯，尊他為「火神」。閼伯在商管火的同時，還築台觀察星辰，以此為依據測定一年的自然變化和年成好壞，為中國古老的天文學作出貢獻。

■閼伯火神台

關伯死後，人們懷念他的功德，以最厚的葬禮把關伯安葬在他生前存放火種和觀察星辰的高地上，並將那裡尊稱為「關伯台」，或「火星台」、「火神台」。

火神台位於商丘古城西南，為圓形夯土築成，台高三十五公尺，台基周長兩百七十公尺，是中國最早的授時台，也是中國唯一的民用授時台。

後來，關伯死後還被尊為「商星」，而他的弟弟實沈死後被尊為「參星」。在「商星」和「參星」這兩個星宿中，只有一個落下的時候，另一個才會升起。

此後，由於關伯生前的封號為「商」，按照當時的風俗，悼念他的人每人都要往他墳上添一包黃土。因而，他的墓塚被堆得越來越大，這座墓塚從此便被人們尊稱為「商丘」。時間長了，「商丘」便成為這裡的地名。

【閱讀連結】

商丘是中華姓氏的重要發源地，據有關考證，僅帝嚳一系，就派生出姓氏一千兩百多個，其中單姓七百多個，複姓四百多個，遍布海內外。

除帝嚳後裔外，有據可查姓氏在商丘的，還有葛、虞、陶、陳、田、桑、甾、犬、火、睢等。漢民族人口最多的一百個大姓氏中，帝嚳之後占五十九個。在《百家姓》四百三十八個姓氏中，有兩百四十二個源於商丘。

臺灣的「陳、林、黃、張、李、王、吳、劉、蔡、楊」十大姓氏中，有七個姓氏的「根」就在商丘。後來姓氏中，朱、傅、宋、葛、湯、虞、華、龍等千餘個姓氏的「根」在商丘。

商湯把亳都作為開國之都

相傳，中國最早有文獻記載的夏族首領鯀是顓頊的後裔。鯀死後，他的兒子禹因治水有功，被舜推舉為繼承人。後來，禹的兒子啟被民眾擁戴為夏族聯盟首領。

啟在晚年逐漸疏於朝政。後來，東夷族有窮氏首領后羿趁機掌握夏政權。

■后羿本稱「司羿」，為羽林軍教頭。此後這一顯赫職務就在該家族內部世代傳承。到了夏初，因太康不理朝政，作為羽林軍教頭的司羿發動宮廷政變，攝取夏政，史稱后羿。后羿後來被家臣寒浞所殺。

后羿獨承王位以後不久，即被寒浞殺死，但他懷有身孕的王后成功逃生，並生下少康。

少康長大後，忠誠有德，果敢精明，受到虞國首領虞思賞識。少康勢力日益強大，後來攻克舊都，誅殺寒浞。夏由此復國，建都綸邑，就是後來的商丘夏邑。

少康病死後，他的兒子杼繼位。杼的統治，使夏朝進入最鼎盛時期。

■伊尹畫像

少康的孫子夏桀繼位以後，不思改革，驕奢自恣，夏朝進一步衰落。但在這一時期，活動在黃河下游的商部落逐漸強盛起來。閼伯的第六世孫，商部族首領、華夏的經商始祖王亥與他的部族在商丘一帶的活動日益頻繁。

商湯雕像

少康：姒少康的伯祖夏王姒太康，在東夷有窮氏首領后羿叛亂下失國，姒少康的父親夏後氏首領姒相被寒浞殺死，姒少康是姒相的遺腹子。姒少康長大後，志在復國。他與夏後氏遺臣伯靡等人合力，攻滅寒浞，恢復夏王朝的統治。姒少康大有作為，史稱少康中興。

王亥 河南商丘人，子姓，又名振，商部落族的第七任首領。王亥開創華夏商業貿易的先河，人們把從事貿易活動的商部落人稱為「商人」，把用於交換的物品叫「商品」。

商湯塑像

　　大約在公元前一七六百年，商湯在名相伊尹的謀劃下，採取措施，削弱夏朝實力。後來，商湯俘獲夏桀，夏桀因放逐而被餓死。

　　不久，在方國部落的支持下，商湯正式稱「王」於亳，就是後來的河南商丘，夏朝從此宣告滅亡。

　　諸侯：古代中央政權所分封的各國國君的統稱。周代分公、侯、伯、子、男五等，漢朝分王、侯二等。周制，諸侯名義上需服從王室的政令，向王室朝貢、述職、服役，以及出兵勤王等。漢時諸侯國由皇帝派相或長史治理，王、侯僅食賦稅。

據古文獻記載，亳城在山東曹縣南處，曹南山的南面，在它旁邊就是蒙城。而大蒙城在曹縣以北，蒙城與北亳相距約十五公里。如果按照這一記載數字推算，恰好位於後來的曹縣土山集一帶。

商湯建國後便擴建亳都，繼續征伐，以拓展商朝的統治區。在商湯統治期間，社會安定，國力強盛。當時不僅商國內的眾多諸侯前往商都亳邑進行朝會，就連西方的氐羌族人也來表示對商的臣服，承認商的王權。

商代是中國歷史上的第二個奴隸制國家，也是中國第一個有同時期文字記載的王朝。

商湯以後至中丁時期，仍然實行兄終弟及，無弟就傳子的繼承製度。

仲王在位時期商朝日益興盛。其子太甲繼位後，由四朝元老伊尹輔政。太甲在位期間，百姓安居樂業。太甲被後世尊稱為守成之主「太宗」和商代的「盛君」。

仲王：亦稱中王、燕王、工王、其王、南王，姓子名庸，是中國商朝的一位君王。在位時期商朝興盛。仲王繼位後，由伊尹輔政，基本上遵守湯制定的法制，朝政相對比較穩定，國家日益強盛。

從太甲到太戊，是商王朝鞏固和發展的時期。太甲去世後，其子沃丁繼位，仍以伊尹為相。自商湯至沃丁，伊尹已是商代五朝右相了。

太戊：姓子，名密。商的第九位國王。湯的五世孫，太甲孫。死後追諡為中宗。甲骨文中記載大太戊、天戊，是商王太庚的兒子，商王小甲、雍己的弟弟。商朝復興後，太戊與祖乙、太甲並稱為三示，即三個有貢獻的國君。

相傳，伊尹不但是中國中草藥煎服發明的第一人，他還精於烹飪，在烹飪方面有許多發明創造，他被後人尊為「烹飪鼻祖」。

伊尹死後，安葬在商丘虞城。伊尹墓位於商丘市虞城縣谷熟鎮南，周圍古柏環繞，綠木參天。伊尹墓前建有伊尹祠。墓塚高三公尺、周長五十公尺。有的古柏距今已有一千四百多年的歷史，最大的直徑三公尺多。這些古柏四季蔥蘢，遮天蔽日，蔚為壯觀。

■名相伊尹塑像

　　到雍己繼位時，不思進取，政事荒廢，商朝開始衰落，甚至發生諸侯不來朝會的情況，但由於商王朝的基礎較為厚實，所以其統治依然穩定。

雍己之後，他的弟弟太戊繼任，起用伊尹的兒子伊陟為相。在太戊的勵精圖治下，商王朝得以復興。

太戊時期的農業生產已經達到較高的發展水平，生產工具以石、骨、蚌製成的斧、刀、鐮為主。農業生產規模相當大，畜牧業發達，並且掌握豬的閹割技術，開始人工養淡水魚。

隨著農業和手工業生產的發展，商業也有了一定程度的發展。各部落商品頻繁交易活動衍生「商文化」。商丘因是商部族的起源聚居地和商朝最早的建都地，以及商人、商業和商文化的發源地，商丘被譽為「三商之源」和「華商之都」。

陶文、玉石文、金文和甲骨文幾種文字在當時並行使用，但最主要使用的還是一種刻在甲骨上的甲骨文，兼有像形、指事、會意、形聲、假借等多種造字方法，甲骨卜辭中，總共發現約有單字四千多個。

商代的曆法已趨於完備，是中國設置閏月的開端。此外，樂舞《桑林》和《大護》已成為宮廷音樂的主要形式，而《周易·歸妹上六》和《易·屯六二》則是商代廣泛傳唱的民歌。

周易：周文王著，中國古哲學書籍，是建立在陰陽二元論基礎上對事物運行規律加以論證和描述的書籍。書中對於天地萬物進行性狀歸類，天干地支五行論，甚至精確到可以對事物的未來發展作出較為準確的預測。

■鄭州商代遺址

太戊時期，商朝得到七十多年的穩定發展。但到太戊晚年，一些諸侯方伯趁機利用商朝王室的混亂，不斷擴大勢力。當時，東南諸夷興起，對商王朝，時而臣服，時而反叛。

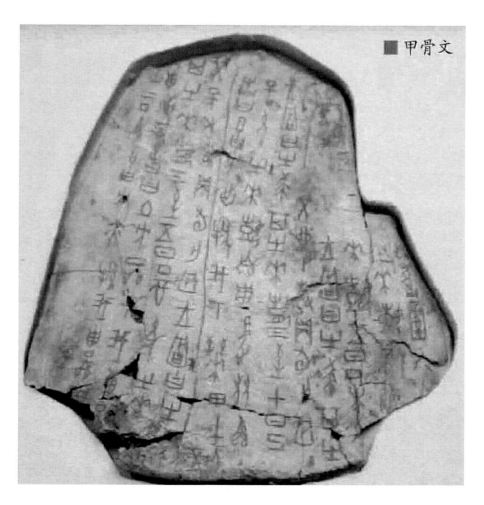

■甲骨文

太戊死後，太戊之子仲丁繼位。從仲丁開始，商王室混亂加劇。後來，由於亳都遭到嚴重水患，亳都奴隸主、貴族勢力的困擾，以及對諸侯與方國控制的需要，仲丁遷都於囂，就是河南鄭州。

從此，商代結束在商丘長達兩百餘年的都城歷史。

【閱讀連結】

太甲在四朝元老伊尹的輔政和督促下，前兩年政績良好，但從第三年起，就開始不遵守商湯的法制。他變得暴虐亂德，一味貪圖享樂。伊尹百般規勸

無效，便只好由自己攝政，將太甲送去商湯墓地附近的桐宮，今河南省偃師縣西南居住，讓他自己反省，史稱「伊尹放太甲」。

太甲在桐宮三年，悔過自責，伊尹又將他迎回亳都，還政於他。重新當政的太甲勤儉愛民、諸侯親附，百姓安居樂業，社會得以安定，太甲被稱為守成之主「太宗」。後世政治家更推之為商朝的「盛君」。

微子祠及漢代梁園和梁孝王墓

微子祠

約公元前一〇六三年，微子就封於宋，成為周時宋國的始祖、國君。宋國都城城址的平面呈長方形，東牆長二點九公里，南牆長約三點五公里，西牆長三公里，北牆長約三點二公里，總面積十平方公里。由此可見，當時的宋國都城規模已經不小了。

微子：子姓，名啟，世稱微子、微子啟，「微」是國號，「子」是爵位。宋國開國遠祖，第一代國君。微子是商王帝乙的長子，紂王的庶兄，《呂氏春秋》稱微子、微仲與紂王三人同母。微子死後葬於宋國故地，河南商丘睢陽區，建有微子祠。

微子死後葬於宋國故地，並建有微子祠，其祠廟在宋國都城外的皇林中，微子墓前有石碑與石器，碑前有拜殿三楹，內設牌位和祭器。

在秦代時，商丘分屬碭郡與陳郡。公元前二〇二年，漢高祖劉邦建立西漢政權後，商丘睢陽人灌嬰擔任丞相。由於他推行與民生息政策，提倡減免賦稅，鼓勵農業生產，促成西漢政治經濟的繁榮。同年，漢高祖劉邦改碭郡為梁國，屬豫州，治所在睢陽，就是後來的河南商丘。

■漢高祖（公元前二五六年至公元前一九五年），劉邦，公元前二〇二年，劉邦即位，定都長安，建立漢朝，史稱西漢。漢朝開國皇帝，中國歷史上傑出的政治家、策略家。他對漢族的發展，中國的統一強大，以及漢文化的發揚有突出的貢獻。

公元前一六一年，梁孝王劉武奉命就封於睢陽。他「築東苑，方三百餘里，廣睢陽城七十里，大治宮室……」，生活奢侈豪華猶如帝王般：

以竇太后少子故，有寵，王四十餘城，居天下膏腴之地，賞賜不可勝道，府庫金錢且百巨萬，珠玉寶器多於京師。

此外，梁孝王還在睢陽東南平台一帶大興土木，建造規模宏大、富麗堂皇的梁園以作遊賞延賓之所。後來，他又在梁園內建造許多亭台樓閣以及百靈山、落猿岩、棲龍岫、雁池、鶴洲和鳧渚等景觀，種植松柏、梧桐和青竹等奇木佳樹。

■司馬相如（約前一七九年至公元前一一八年），字長卿，西漢大辭賦家。是中國文化史、文學史上傑出的代表，是西漢盛世漢武帝時期偉大的文學家、傑出的政治家。工辭賦，其代表作品為《子虛賦》。後人稱之為賦聖和「辭宗」。

建成後的梁園周圍一百五十公里，宮觀相連，奇果佳樹，錯雜其間，珍禽異獸，出沒其中，使這裡成為景色秀麗的人間天堂，是中國歷史上著名的園林之一。

梁孝王劉武喜好招攬文人謀士，常在園中設宴，文學家司馬相如、辭賦家枚乘等經常應召而至，成為竹蔭蔽日的梁園賓客。後謀士公孫詭和散文家鄒陽等也都於梁園做了梁客。他們一起吟詩彈唱，在梁圓形成極具影響的梁圓文學。

枚乘：字叔，西漢著名的辭賦家。秦建治時古淮陰人。枚乘因在七國叛亂前後兩次上諫吳王而顯名。文學上的主要成就是辭賦，《漢書·藝文志》著錄「枚乘賦九篇」。

梁孝王死後，葬於睢陽山東，就是後來商丘永城的芒碭山上。整個陵墓群完全是由數以萬計的民工用錘子斬山作廓，穿石為藏，結構複雜，氣勢恢宏，宛如一座地下宮殿，其工程之浩繁，技藝之精湛，令人嘆為觀止。

梁孝王墓位於永城東北的芒碭山南脈保安山東側山腰。梁孝王的墓葬群斬山為椁，穿石而藏，墓門向東，墓長五十六公尺。

芒碭山西漢梁王陵墓群是目前中國所發現年代最早、規模最大的漢墓群。梁孝王墓結構複雜，氣勢恢宏，宛如地下宮殿群。值得一提的是，這一西漢梁王陵墓群在炸藥還沒有問世的西漢，是由無數工人用錘子一下一下地敲鑿出來。其工程之浩繁、技藝之高超令人嘆為觀止。

梁孝王墓中，梁孝王身穿用金絲和玉片編織而成的金縷玉衣。其墓室中的珍寶更是無數。據史書記載，掘墓者得到的珍寶就裝有七十二船，民間小規模的偷盜更是不計其數。

墓內出土的漢代壁畫、金縷玉衣、鎏金車馬器、騎兵俑及大量精美的玉器等堪稱稀世之寶。

■梁孝王（約公元前一八四年至公元前一四四年），劉武，西漢時期的貴族，與館陶公主、漢景帝同為竇太后所出，漢文帝嫡次子。劉武在位期間曾帶兵抵禦七國之亂中吳王劉濞的進攻，功勞極大。公元前一四四年病逝，葬於永城芒碭山。在位二十三年，諡號為孝，故號梁孝王。他死後梁國一分為五。

雕刻：指用各種可塑材料或可雕、可刻的硬質材料，創造出具有一定空間的可視、可觸的藝術形象，藉以反映社會生活、表達藝術家的審美感受、審美情感、審美理想的藝術。石雕的歷史可以追溯到距今一二十萬年前的舊石器時代中期。從那時候起，石雕便一直沿傳至今。

西漢梁王陵墓群現已發現大小漢墓十八座，其中更以漢高祖劉邦的孫子梁孝王劉武及王后墓的規模最為宏大、最為著名。

梁孝王王后墓縱深兩百一十公尺，是迄今國內發現最大的石室陵墓，墓內各種生活設施，如客廳、臥室、壁櫥、糧倉、冰窖、馬廄、兵器庫、廁所等一應俱全。最讓人稱奇的是其中有在中國最早使用的、雕刻精美的石製坐便器。

在梁孝王墓和王后墓之間有一條地下通道，叫「黃泉道」，是梁孝王和王后死後靈魂幽會的通道，後人所謂「命歸黃泉」或「黃泉路」之說即源於此。

在僖山漢墓出土的金縷玉衣做工精細、質地純正，歷經兩千多年仍風韻猶存。柿園漢墓壁畫以青龍、白虎、朱雀、玄武四神為主題，四周襯托繚繞的雲氣和綬帶，畫藝精絕，氣勢磅礴，被稱為「敦煌前的敦煌」。其中所出土的容貌秀美、栩栩如生的斷臂仕女俑更被稱為「中國的維納斯」。

■金縷玉衣

■梁孝王陵入口

　　芒碭山西漢梁王陵墓群是國家級重點文物保護單位，是中國乃至世界罕見的大型石室陵墓群。

　　梁孝王墓「四神雲氣圖」壁畫發現於西漢早期梁國王陵區的柿圓墓。在眾多的壁畫遺存中，墓室壁畫很少，西漢早期的則更為稀少。因而，該壁畫成為中國時代最早，墓葬級別最高的墓葬壁畫珍品。

　　然而，歷經歲月，壁畫的破壞逐漸顯現，日趨嚴重。表面繪彩層起翹脫落，顏料退色，局部有網格紋顯現。地仗層有龜裂分層現象。

　　壁畫固定件有鬆脫現象。壁畫表面顯現後背木龍骨變形前頂的痕跡，壁畫整體彎曲變形嚴重，交接處產生裂縫。畫面在局部產生翹曲開裂。

　　壁畫：人類歷史上最古老的繪畫形式之一，作為建築物的附屬部分。壁畫分為粗底壁畫、刷底壁畫和裝貼壁畫等。

■芒碭山上的兵馬俑局部

　　梁孝王墓在史書上多有記載。《史記·梁孝王世家》索隱《述征記》、《水經注·獲水》以及清光緒年間的《永城縣志·古蹟》中都有所記載。據《太平寰宇記》記載：

　　《史記》：由司馬遷撰寫的中國第一部紀傳體通史，是二十五史的第一部。記載上自黃帝時代，下至漢武帝太史元年間共三千多年的歷史。《史記》最初沒有書名，稱太史公書、太史公傳，也省稱太史公。史記與宋代司馬光編撰的《資治通鑑》並稱「史學雙璧」。

　　梁孝王墓在縣（北）五十里，高四丈，周回一里，碭山南嶺山。

　　梁孝王墓被發現最早可追溯至東漢末年，該墓坐西面東，開鑿於距山頂二十公尺處。

　　從墓道口至西迴廊西壁全長九十六公尺，南北最寬處即迴廊北耳室北壁，至迴廊南耳室南壁，三十二公尺。最高處為三公尺，總面積約六百一十二平

方公尺，總容積約一千三百六十七立方公尺。全墓由墓道、甬道、主室、迴廊及十多間側室、耳室、角室和排水系統組成。

墓道呈東西向，由斜坡墓道和平底墓道兩部分組成。斜坡墓道全長十二點二公尺，上口寬二點五九公尺，底寬二點七八公尺。平底墓道的西端深入山體部分是封閉式墓道，兩側石牆之上用底端為燕尾槽的石板扣合成兩面坡式，兩坡的頂端用上寬下窄的梯形石板扣壓。

這種扣合方法減輕了頂部壓力，極其堅固，至今保存完好。

墓道近墓門處南北各開鑿一個耳室，南耳室東西最長處五點一公尺。北耳室東西長五點三公尺，南北最寬處四點四六公尺。這兩個耳室應是車馬室、過墓門，東高西底的雨道，是從墓道通向主室的通道，由門道、斜坡甬道和平底甬道三部分組成。

耳室：正屋兩面的小室。宋代以前墓穴的磚室，兩旁磚壁中有小室，也稱耳室。中國古代大規模的古墓裡常設有耳室。普通人家的耳室一般位於正屋兩側，恰如兩耳在人臉的兩側，因而得名。耳室一般作為倉庫使用。

在斜坡甬道的西端南北兩側各開鑿一個耳室。北耳室南北最長處十二點八八公尺，東西最寬處九點九公尺，高兩公尺至二點一八公尺，總容積約兩百三十三立方公尺。南耳室東西四點五六公尺，南北寬處四點六公尺，內高二點一公尺，是藏兵器的地方。

■梁孝王陵

甬道西端連接主室，主室是整座墓葬的核心，平面東西呈長方形，東西長九點六五公尺，南北寬四點七公尺，高三公尺，室四壁垂直，表面光平。

主室底部為東西長五點四五公尺，南北寬三點六五公尺，深零點四公尺的凹坑。坑底平坦，四壁垂直，四角規整，凹坑的東壁是一條通向迴廊的下水道。主室的南北兩側各開有三個耳室。

北側的三個耳室整齊規整，皆為正方形，每邊長二點三公尺，作為儲藏室和庖廚室。南側的東側室為棺床室，東、南、西三面為石壁。北面是和主室相通的空間，室底高出主室底部零點四公尺，南部底端有一通向水井室的不規則洞孔。

南面西側耳室和棺床室有門相通，連成套間，內呈近正方形，四壁垂直，底平坦，室底中央為一向下開鑿的石坑，作為浴室。最西邊的耳室和主室相通，呈南北長方形。

芒碭山梁孝王墓兵馬俑群

　　主室外圍建有迴廊，圍繞主室和主室外側室一周，平面略呈正方形，東迴廊中部與主室相通。迴廊四角皆有耳室，平面呈方形，每邊長四點七公尺，是放置陪葬品的地方。迴廊東、西、南三面還有排水溝，將各室的積水排入南迴廊的水井，利用水井內的自然岩縫，將水排出山體。

■梁孝王墓中的相思道

　　梁孝王墓工程浩大，氣勢恢宏，結構規整，布局合理，建築藝術高超，這在火藥尚未發明的西漢時期，用人工開鑿如此浩大的工程，其難度可想而知，這充分體現了古代勞動人民的聰明才智。

　　公元前一九六年，皇子劉恢被封為梁王。公元前一八一年，劉恢被封為趙王，呂后的弟弟呂產被封為梁王。但呂產一直待在京城長安，並沒有到梁國赴任。呂產被朝中大臣殺掉後，公元前一七八年，漢文帝的小兒子劉揖被封為梁王。

　　劉恢：漢高祖劉邦的兒子，公元前一九六年，高祖誅梁王彭越後，立為梁王，定都於大梁。在劉恢受封為梁王的第二年，叱吒風雲一生的劉邦去世。劉邦的次子劉盈繼承皇位，就是漢惠帝。劉盈性格軟弱，朝廷大權由他的母親呂后掌握。公元前一八一年，劉恢殉情自殺。

　　公元前一六九年，劉揖從馬上摔下而死，諡為梁懷王。劉揖去世後，沒有子孫繼承王位。大臣賈誼認為梁國位置重要，他向漢文帝建議說應該選擇

可靠的人為梁王。文帝聽取賈誼的建議，封淮陽王劉武為梁王，這就是梁孝王。梁孝王劉武過著奢侈豪華帝王般的生活。

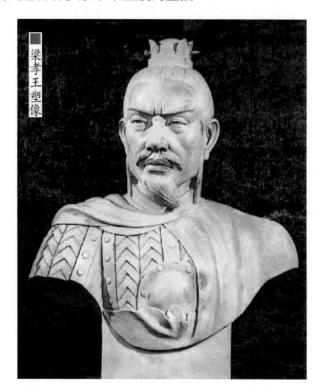

一般的王陵都是劈山後用巨石修砌，但梁孝王墓卻不同。梁孝王墓「斬山作廓，穿石為藏」，工程之浩大、結構之獨特、布局之對稱，在歷史上都是罕見的。

在歷史的長河中經過兩千多年的沉澱洗禮後，而今梁王墓已難見昔日的輝煌，徒留空蕩蕩的墓室與傷痕纍纍的芒碭山展現在世人的眼前。唐代大詩人李白曾有詩說：

梁王宮闕今安在？枚馬先歸不相待。

舞影歌聲散綠池，空餘汴水東流海。

【閱讀連結】

在宋國始祖微子後代裡，最有名的人物就是孔子。孔子是中國古代偉大的思想家和教育家，儒家學派創始人，還編撰中國第一部編年體史書《春秋》。弟子著有《論語》，司馬遷著有《史記·孔子世家》。

墨家學派創始人墨子也是宋微子後裔。此外，宋國時期的商丘名人還有：道家學派的創始人老子、戰國時政治家惠施、儒家的代表人物孟子、道家學派的代表人物莊子等。

北朝時期在虞城始建木蘭祠

到了北朝時期，商丘先後為北魏、東魏、北齊的梁郡，屬南兗州，轄襄邑和淮陽兩縣。相傳，替父從軍的巾幗英雄花木蘭也是商丘人。後世為紀念她替父從軍，在商丘虞城興建木蘭祠。

木蘭祠位於虞城縣城南的營廓鎮大周莊村，距虞城縣城三十五公里。該祠始建於唐代，金、元、清各代曾有重修。

祭祀是華夏禮典的一部分，更是儒教禮儀中最重要的部分，禮有五經，莫重於祭，是以事神致福。祭祀對象分為三大類：天神、地祇、人鬼。天神稱祀，地祇稱祭，宗廟稱享。中國古代，祭祀有嚴格的等

■花木蘭，一說本姓朱，約為南北朝時期人，巾幗英雄。花木蘭的事跡流傳至今。具備忠孝節義，以替父從軍擊敗入侵民族而聞名天下，唐代皇帝追封為「孝烈將軍」。

級界限，天神地祇只能由天子祭祀；諸侯大夫可以祭祀山川；士庶人只能祭祀自己的祖先和灶神。

木蘭祠曾占地萬餘平方公尺，有大門、大殿、獻殿、後樓和配房等。大殿內有英姿颯爽的花木蘭戎裝立像，和記載花木蘭代父從軍、征戰疆場、凱旋的雕塑和組畫。

大門過道兩側，各有一泥塑高大戰馬。木蘭祠圍牆內外，植有柏樹和槐樹。環境優美，莊嚴肅穆。

木蘭女扮男裝，代父從軍，征戰疆場十二年，屢立戰功。戍邊歸來，皇帝欲封她為尚書，她堅持不授。歸家後，脫去戎裝，又現女兒真面目。

木蘭女扮男裝的事情聞達皇上，皇上非常愛慕，欲選進宮中，木蘭抗旨自殺。唐初追封為「孝烈將軍」，後人為了祭祀她，就在其故里商丘虞城縣營廓鎮建造木蘭祠。

木蘭祠祠內有祠碑兩通：一通為公元一三三四年所立的《孝的烈將軍像辨正記》碑，碑文載有對木蘭身分、受封孝烈將軍的確認及《木蘭辭》全文。另一通則是一八〇六年所立的《孝烈將軍辨誤正名記》碑。

■木蘭祠正門

《孝烈將軍像辨正記》碑，立於該祠大門內東側。碑為青石，通高三點六公尺，寬一公尺。碑首前後皆為深浮雕的二龍雲裡戲珠，布局對稱，造型大方。

篆字題名《孝烈將軍祠像辨正記》，碑四邊刻有圖案，上邊用誇張浪漫的手法，刻有二龍戲珠，龍頭大而逼真，龍身簡而細小，穿入流雲，生動美妙。

■木蘭祠碑亭

兩邊陰刻牡丹花紋，線條活潑流暢，古樸而不俗。碑文正書三十一行，滿六十八字，其刻書精美，蒼勁有力。龜座高零點七公尺，龜形伸頭直尾，四肢半曲，似起似臥，栩栩如生。碑文下款：元朝元統二年，祖居歸德湯德立石，侯有造撰文，曹州李克均、李英刻石。

後世又重修碑樓，頂為轎形，尖頂四脊，合瓦挑角，十七層封檐，前後圓門，古樸典雅，碑樓四周砌有圍牆。

《孝烈將軍辨誤正名記》碑，立於該祠大門外西側。通高二點一四公尺，寬零點七八公尺。方座，碑額刻有深浮雕盤龍，篆字題名，碑文正書。歸德府商丘縣庠生孟毓謙撰文，歸德府商丘縣邑大學生孟毓鶴書丹，芒山石工張握玉刻石。

篆字大篆和小篆的統稱，也稱篆書。大篆指甲骨文、金文、籀文、六國文字，它們保存著古代象形文字的明顯特點。小篆也稱秦篆，是秦國的通用文字，大篆的簡化字體。

興建最早的景點花木蘭祠，始建於唐代，後金太和年間，敦武校尉歸德府谷熟縣營城鎮酒都監烏答撒忽剌重修大殿、獻殿各三間，並塑木蘭像。公元一三三四年，睢陽府尹梁思溫倡議，募捐兩千五百貫錢重修擴建。

一八〇六年，該祠僧人堅科、堅讓等，再次募資修祠、立碑。歷經擴建的木蘭祠占地十多平方公里，各類建築一百二十多間，另有祠地約兩百六十六平方公里，住持僧人十多人。

祠圍牆內外，植有柏樹、槐樹。大門過道兩側，各有一泥塑高大戰馬。大殿內塑有木蘭閨裝像，獻殿內塑有木蘭戎裝像，後樓塑有木蘭全家像。祠殿內外，有歷代官府、名人撰文、題詩、書畫及六十多通香火碑。

每年農曆四月初八是木蘭的生日，周邊官府帶領鄉民前來致祭，後發展成連續五日的香火古會。可惜，這座恢宏壯觀的祠宇毀於戰火。後世僅存有元代和清代兩通祠碑，碑文詳細記載木蘭身世、英跡和歷代修祠情況。

■楊堅（公元五四一年至六〇四年），即隋文帝，隋朝開國皇帝。在位期間成功地統一嚴重分裂數百年的中國，並開創先進的選官制度，發展文化經濟，使得中國成為盛世之國。他在位期間，疆域遼闊，是中國農耕文明的巔峰時期。楊堅是西方人眼中最偉大的中國皇帝之一，被尊為「聖人可汗」。

在隋代，隋文帝楊堅於開皇初年廢梁郡，公元五九六年置宋州，公元六〇七年復置梁郡。隋煬帝為維護中央政權統治，加強對江南的控制，於是興修水利並發展漕運，公元六〇五年至六一〇年先後發動數百萬工人，人工開鑿一條中國歷史上著名的大運河。

隋煬帝：楊廣，華陰人，生於京師長安，是隋朝第二代皇帝。公元六〇四年繼位。在位期間修建大運河，營建東都遷都洛陽城，開創科舉制度，親征吐谷渾，三征高句麗。因為濫用民力，造成天下大亂直接導致隋朝的滅亡。公元六一八年，他在江都被部下縊殺。

■《木蘭從軍》木雕

大運河以洛陽為中心，北起涿郡，即今北京，南達餘杭，即今浙江杭州。全長兩千多公里，由永濟渠、通濟渠、邗溝和江南河四大段組成，把黃河、

淮河、長江等幾大水系連接在一起，成為中國南北交通的大動脈。對促進中國南北的政治，經濟和文化交流都造成極大的推動作用。

　　大運河商丘段是通濟渠的一段，西接開封，東連安徽宿縣，是運河上較為重要的一段，沿途經過睢縣、寧陵、睢陽區、虞城、夏邑和永城等地，全長約兩百公里。

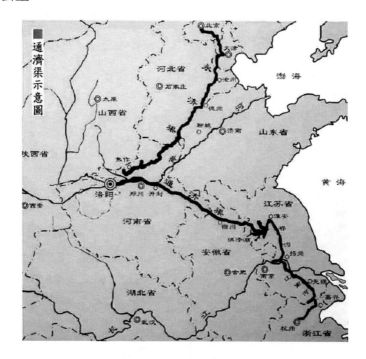

　　為了方便遊幸的船隊遮陰避暑，隋朝還在通濟渠兩岸築堤植柳，形成隋堤上一道亮麗風景。

　　通濟渠開通後，自梁郡西到京師，南達江淮，北到幽燕，十分便利，漕運商旅，八方聚集，大大促進梁郡的商業活動。

　　在運河沿線尤其是京師附近，修建許多官倉，可儲存從江南漕運而來的糧食，多者千萬石，少者也不下百萬石。

後來，隋代經濟重心雖南移江南，但政治中心仍然在黃河之濱，這一新的政治格局，使隋王朝京師之所需和轉漕給軍，仰賴於南糧北運的狀況特別明顯。如隋煬帝征高句麗的軍需物資就是透過運河迅速調運。

【閱讀連結】

歷史上，有關巾幗英雄花木蘭的住處及姓氏，說法不一。其中有說花木蘭姓魏，家居亳州的，因為亳州至今遺址尚存。

《亳州志·烈女志》記載，木蘭，魏姓，西漢譙城東魏村人。魏園村為淮北一普通村落，高約五公尺的木蘭出征塑像，為故里平添無限光彩。村民指其村後即木蘭故居，墓塚猶存。墓周蒼松環護，翠竹成林，春來芍花飄香，蔚為壯觀。

又據《光緒亳州志》記載：木蘭祠在關外，相傳祠左右即木蘭之家。今祠已毀，遺址尚在。

▌宋代增修崇法寺塔和微子祠

安史之亂以後，唐朝日趨衰落，自此陷入長期藩鎮割據、叛亂，呈現多事之秋。在朝廷危難之際，宋州始終能站在唐朝廷一邊，宋州人以其忠勇精神，憑策略要地，富庶的經濟，幫助朝廷平定數次叛亂，保護溝通江淮的漕運通道，確保朝廷財賦來源，鞏固和穩定唐朝的統治。

公元七五八年，唐肅宗改睢陽郡為宋州。公元七七二年，淮西節度使李希烈叛亂，以重兵圍攻睢陽，河南節度使田神功抱病與叛軍大戰兩天兩夜，積勞成疾。公元七七二三年，田神功病死，其弟田神玉自封為汴宋節度留後。

在當時，大書法家顏真卿聽聞田神功病危的消息後，親自撰寫一篇九百多字的短文，題為《唐宋州八關齋會報德記》，刻於石壁。

田神功：河北南宮人。唐朝大將，參與平定安史之亂有功於國，此後又參與平定淮西節度使李希烈的叛亂，但也縱兵禍亂富庶的江淮地區。唐玄宗

天寶末年，田神功當過縣史。史思明讓他與大將南德信、劉從諫率兵南略江淮，田神功趁機再次歸順朝廷，受封鴻臚卿。

■顏真卿字清臣，唐代書法家。唐代中期傑出書法家。他創立的「顏體」楷書與趙孟頫、柳公權、歐陽詢並稱「楷書四大家」。和柳公權並稱：「顏筋柳骨」。

　　後來，百姓有感於田神功對百姓的護佑之心，也出於對大書法家顏真卿書法藝術的推崇，在商丘城南門外的古宋河畔建了座「八關齋」。

　　八關齋位於商丘城南五百公尺處。院內有一座造型優美的八角亭，在亭內有一座八棱石幢。石幢高三點二公尺，每面寬零點五公尺，上面有顏真卿晚年撰寫的《宋州八關齋會報德記》。

　　碑文記載，田神功在安史之亂中解宋州之圍。公元七七二年，田神功得病，幾個月後病才痊癒。宋州刺史徐向等為了逢迎田神功，在城南開元寺設

八關齋會，邀請一千僧人赴齋。石碑最初稱為顏魯公碑，因碑文所記載的是八關齋的佛事，後人便逐漸將此碑叫成八關齋了。

■八關齋

八關齋歷千餘載，幾度興廢，又幾經重修，才得以存留後世。

北宋定都開封，宋州是宋都開封的東南門戶。近可封鎖淮徐，遠可南通吳越，地理位置十分重要。成為北宋經濟收入的重要支柱。

宋州當時的整個碼頭，北岸占地約二十四萬平方公尺，南岸占地約二十四萬平方公尺。宋州境內的通濟渠仍然水豐河寬，每年經宋州從江南運往京城開封的物品種類繁多，數量驚人。

到了北宋中期，佛教興盛起來。公元一○九五年，歷時六年的崇法寺塔終於在商丘永城的崇法寺內建成。崇法寺塔為八角樓閣式九層磚塔，塔體為椎柱形，每層檐下均有仰蓮相托。

■宋代北寺塔

崇法寺建於隋代，一○九三年，崇法寺塔開始興建。直到一○九八年才宣告建成，歷時六年的時間。因塔建於寺內，故名崇法寺塔。永城人呂永輝曾作詩讚道：

東林古寺跡仍留，七級浮屠踞上游。

保障江淮稱巨鎮，屏藩梁宋護中州。

通濟渠又稱汴河，隋唐大運河的首期工程，連接黃河與淮河，貫通西安到揚州，全長六百五十公里。歷經隋、唐、五代、宋、遼、西夏、金、元八個朝代，通航七百二十年。南宋時期，運河河床逐漸淤塞斷流。元、明、清時期，朝廷將河道直接取直，由北京直通蘇杭。

崇法寺塔位於商丘永城市東關崇法寺內。後來，寺院被廢棄，僅存九層磚塔。磚塔高三十四點六公尺，樓閣式八角形，塔底座邊長三公尺，塔底層直徑七點七公尺。塔體為椎柱形，每層檐下均有仰蓮相托。仰望塔身，如九朵蓮花開放。塔每層均設有東南西北四門。八角皆有石龍頭，龍頭上系有鐵鈴，每當風起，鏗鏘齊鳴，悅耳動聽。

在塔的底層建有地宮。地宮內有棺床和石匣。塔底北門有青石走道，一直通到塔頂。內壁鑲有六百五十一塊深綠色琉璃佛像磚，構圖為一佛兩菩薩。是中國古代轉塔建築的代表之作。

■宋代大相國寺佛塔

崇法寺塔整體由地宮、塔基、塔身和塔剎四部分組成。崇法寺地宮呈方形，頂作藻井，地宮中央磚砌蓮花依柱棺床，上置長方形石函。惜地宮被盜一空，在後人清理過程中才見地宮真面目。

塔剎：佛塔頂部的裝飾。塔剎位於塔的最高處，「冠表全塔」，是塔上最為顯著的標記。「剎」來源於梵文，意思是「土田」和「國」，佛教的引申義為「佛國」。各種式樣的塔都有塔剎，所謂是「無塔不剎」。塔剎是中國建築塔頂攢尖收尾的重要組成部分。

據石碑銘文記載，石函內供奉有佛舍利，並以金、銀、瑪瑙、水晶、玉石等七寶供養，同時還有唐宋兩朝的銅錢和稻穀。從而可知，此塔是專為佛陀生身舍利而建的。

舍利：也就是舍利子，原指佛教祖師釋迦牟尼佛圓寂火化後留下的遺骨和珠狀寶石樣生成物。舍利子印度語馱都，也叫設利羅，譯成中文叫靈骨、身骨、遺身。是一個人往生，經過火葬後所留下的結晶體。舍利子形狀千變萬化，顏色各異，光彩照人。

在塔基座內裝木骨，上承寶塔，下護地宮，堅實而穩固。與塔身、塔剎組成和諧莊嚴、高雅的統一體，堪稱樓閣式古塔的精品。八角九層塔身為磚砌樓閣式，青磚迭砌仿木結構，層層出檐，逐層內收，每層外壁轉角有磚制仿木圓柱，外檐建仿木鏤空圍欄，增強美感，表現多變的輪廓。

塔檐是由蓮花瓣石疊砌而成，平座用斗栱承托，顯得層層疊疊，極富裝飾性。挑檐角配以石雕龍頭，口銜風鐸，微風吹動，叮咚作響，使人心曠神怡，寵辱皆忘。塔的第一層高五公尺，直徑七點七公尺，東西南北各辟一圭形門，東南西三門內建佛龕。北門為登塔門，由此門進入塔心，環繞而上可至塔頂端。內部採用穿心、迴廊、方形壁內折和實心砌體等不同結構，十分堅固。

塔的每層均開明窗，方向和造型與圭門相同，門窗外部上方及兩端鑲有六百五十一塊黃綠釉佛像磚。五塊刻有塔銘和施主姓名的釉磚，把塔身裝點得絢麗多彩。這些明窗有利於採光、眺望，並能緩和強風推力，可見設計者的匠心別具。

施主：僧道等稱施捨財物給佛寺或道觀的人，也泛稱一般的在家人；道士對俗家或者香客的尊稱；實行布施的主人，即指施與僧眾衣食，或出資舉行法會等信眾。音譯為檀越、陀那鉢底、陀那婆，又作布施家。又梵漢兼舉而稱檀越施主、檀那主、檀主。

■開封鐵塔

塔的最頂端為塔剎，塔尖高指雲際。緊連剎身的是傘蓋，接下來上小下大的七個相輪由中心剎桿穿套支撐，塔剎下部是金屬剎基，由剎桿穿過剎基與古塔相接連成一體。

崇法寺塔歷經九百多年的風雨剝蝕，明清雖經幾次修復，仍有破損。清代末年，該塔曾遭雷擊留有裂縫。一九三八年又遭日軍炮擊，殘存八層，高二十八點九公尺。後來，寺塔經過大修才恢復原貌，向世人重新展現中國古代高層建築藝術的高超。

崇法寺塔在中國的建塔歷史中具有重要地位，是具有特殊意義的一座塔，因為它的造型是介於中國南北兩種造塔藝術之間的。

商丘位於古代南北文化交流的緩衝地帶，南北方文化的融合在這裡表現得十分明顯。崇法寺塔正是這種文化融合的產物。中國南方的造塔藝術多是磚砌，用磚為主的結構，但是角梁、踏步等都用木頭製作。北方塔就用磚石代替，石塔比較多。

■宋代名剎靈岩寺

　　還有一點，就是該塔的內部結構形式有各種變化，如果按照南方塔的造型，它的角梁和踏步本來應該用木頭的，但是崇法寺塔是用石質，角梁用龍頭，挑出一個角梁，下面一個風鈴。

　　宋代崇法寺塔具有很高的歷史價值。眾多歷史名人足踏永城，曾留下不朽的詩篇。明代著名詩人李先芳由商丘入永城途中寫道：

宋代明福寺塔

三月輕風麥浪生，黃河岸上晚波平。

村原處處垂楊柳，一路青青到永城。

【閱讀連結】

宋代，在應天府市鎮商業的基礎上，城市貿易更加活躍，甚至有絲綢的大宗經營。

異地人來應天府定居的也有增無減，應天府成為當時僅次於國都東京的經濟重心。加之宋朝提倡以文治國，應天府也逐漸發展成為宋代的文化教育中心。

在當時，應天府最為著名的書院名叫「應天書院」，位於後來的商丘睢陽。應天書院為宋州虞城人楊愨所辦私學。揚愨死後，他的學生戚同文繼續在宋州從事教育。北宋政權建立後，實行開科取士，因這裡人才輩出，百餘名學子科舉中第者竟多達五六十人，從學者紛至沓來。

▍明清時期商丘風水八卦古城

■朱元璋畫像

宋代以後，商丘的地位下降。金、元時期應天府更名為歸德府，屬於河南布政使司，由於黃河水患與歷年戰爭，歸德府的城市規模較宋代縮小了許多。一三六八年，明太祖朱元璋降歸德府為歸德州，屬開封府管轄。

公元一五〇二年，歸德州城毀於黃河水患。次年，知州楊泰在舊城北面，以元代城牆為南城牆重築新城。歷時八年，新城於公元一五一一年基本竣工。

公元一五一一年，歸德州遷城。應天書院從舊城遷往新歸德府城內，建有大成殿、明倫堂、月牙池等建築。

後來，應天書院又在商丘城西北隅以社學改建，沿用舊名。但短暫的輝煌後很快又被廢止。

■歇山式建築屋頂

大成殿與明倫堂位於商丘，原為歸德府文廟建築的組成部分，這兩座建築均為歇山式建築。歸德府文廟又稱孔廟、夫子廟，為河南規模最大的文廟，也是中國唯一的學堂建在大殿右側的文廟，始建於明朝嘉靖年間，距今也有近五百年的歷史了。

大成殿為祭孔之地，殿內立有孔子和其弟子的牌位，大殿面闊七間，進深三間，為單檐歇山式木構建築。大殿前後牆壁原為辟格扇門和坎窗。

明倫堂為明清歸德州府儒學所在地學堂，也是應試地，在大成殿西三十公尺處，是歷代封建社會對聖人對先師孔子的朝拜祭祀之處，是尊孔儒師們「宣教化、育賢才、善民俗」的講學之所。

布政使司也就是承宣布政使司，是明清兩朝的地方行政機關。明朝時為國家一級行政區，簡稱為布政使司、布政司、藩司，俗稱「省」，負責一級

行政區的民事事務。布政使司還設左、右承宣布政使各一人，就是一級行政區最高行政長官。布政司、提刑按察使司、都指揮使司合稱為「三司」。

公元一五一三年，歸德州城又增建四門外樓。公元一五三七年夏，黃河水在商丘決口，河水泛濫，灌歸德府城。此後，由於河水漫流，歸德府一帶災害連年，直至清代時黃河水向北遷徙，商丘一帶才少有黃河水災。

歸德州城後經過多次修補完善，直至一五四〇年在城牆外約五百公尺的圓周上築起新的城郭才形成城牆、城湖、城郭三位一體的獨特格局。歸德州城城門為拱券式，建有東西南北四門，互不相對，各自錯開方向，所以歸德州城有「四門八開」之說。

此外，在歸德州城的南門兩側建有兩個水門，將水排進護城河。寬闊的護城河環繞全城。城南河面較寬，南北五百多公尺，東西一點三公里，水下疊壓春秋宋國都城、秦漢和隋唐時期的睢陽城、宋朝的應天府南京城、元朝的歸德府城等六座都城、古城。

歸德州城內地勢呈龜背形狀，磚城內面積一千一百三十平方公尺，九十三條街道的總體格局形如棋盤與方孔圓錢，內方外圓。在古代的八卦學寓天圓地方，天地相生，招財進寶之意。

八卦：八卦起源於人文始祖伏羲，八卦表示事物自身變化的陰陽系統。用「—」代表陽，用「——」代表陰，用三個這樣的符號，組成八種形式，表示事物自身變化的陰陽系統。乾代表天，坤代表地，坎代表水，離代表火，震代表雷，艮代表山，巽代表風，兌代表澤。八卦互相搭配又得到六十四卦，用來象徵各種自然現象和人事現象。

■微子祠明倫堂

■明倫堂

公元一五四五年，歸德州升為歸德府。

公元一六一二年，歸德府的知府鄭三俊重建微子祠，使其形成規模。

微子祠始建於唐代天寶年間，後經歷代毀壞，歷代重修。整座祠院占地面積六千六百二十坪，南北長七十公尺，東西寬九十五公尺，由微子祠、先賢堂和微子墓三個院落組成。微子祠位於中間，占地兩千四百二十坪，南北長七十公尺，東西寬三十五公尺。在微子祠的東西兩側分別為先賢堂和微子墓，占地面積都是兩千一百平方公尺，南北長七十公尺，東西寬三十公尺。整座院落設計科學，布局合理，環境優美。

微子祠後來被闢為景區，景區由微子祠、先賢堂和微子墓三部分組成。微子祠居中，存有過廳、照壁、東西廂房，兩廂房之間有一銅質巨型香爐。香爐往北十五公尺處放十三檐鑄鐵熏爐，熏爐向北為祭祀台，台正中放一大型銅質香壇。祭台北端座落微子祠。

照壁：中國傳統建築特有的部分，明朝時期特別流行。一般講，照壁是指在大門內的封鎖物，古人稱為蕭牆。在舊時，人們認為自己宅中不斷有鬼來訪，修上一堵牆，以斷鬼的來路。另一說法為照壁是中國受風水意識影響，而產生的一種獨具特色的建築形式，稱影壁或屏風牆。

微子祠東側是先賢堂，有大殿，殿內供奉宋氏先祖的牌位。兩側有碑廊。西側是微子墓，有碑亭、神道、石像生和墓塚等，建築布局精巧別緻。

明代嘉靖年間以後至清代初年，歸德府城內出過大學士，也就是宰相、尚書以及十幾位侍郎、巡撫、吏卒、總兵以及著名文人。因此，歸德府城內不僅四合院鱗次櫛比，官府、官宅以及名人建築也很多。

宰相：輔助帝王掌管國事的最高官員。宰相最早起源於春秋時期。管仲就是中國歷史上第一位傑出的宰相。到戰國時期，宰相的職位在各個諸侯國都建立了起來。「宰」的意思是主宰，「相」本為相禮之人，字意有輔佐之意。「宰相」聯稱，始見於《韓非子·顯學》。

歸德府城著名的壯悔堂就是侯方域所建，是他曾經的著書之處。壯悔堂莊重典雅，古色古香。

五脊之上形態別緻、姿勢各異的奇獸獨具風采。樓裡門窗和格扇的鏤花剔線精緻。二十六根圓柱上龍鳳浮雕栩栩如生，根根圓柱同六十二根橫梁巧妙扣合，使樓的內部骨架形成完善的整體。即使拆去四壁，樓堂仍安然無恙，建築技巧令人叫絕。

■唐代祠堂

■清代建築模型

清代末期，歸德府出現陳、蔡、穆、柴、尚、孟、胡「七大家」。穆炳壇家族兄弟八人有田千頃，為清代歸德府城內的一家富商，是當時的「七大家」之一。穆氏四合院便是穆炳壇家的故居，也是商丘比較完整、最具有代表性的四合院建築群之一。

穆炳壇所蓋的四合院結構大方、造型別緻。穆氏四合院分前後兩院，按照傳統的建築形式，坐北朝南。以中軸線為中心，左右對稱，前低後高的形制而建。反映長幼有序、男女有別的禮制。

四合院：華北地區民用住宅中的一種組合建築形式，是一種四四方方或者是長方形的院落。一家一戶，住在一個封閉式的院子裡。四合院建築，是中國古老、傳統的文化象徵。「四」代表東西南北四面，「合」是合在一起，形成一個口字形，這就是四合院的基本特徵。

前院側房置車馬、轎子等物。正中是通往中宅的建築。中宅院正堂屋五間，進深三間，東西廂房各三間。正堂屋是供主人使用的客房和書櫥。廂房通常是雜用間和男僕的住處。

商丘古城城門

後院為後樓，是全院的核心建築，也是全宅的生活區。它上下兩層，雙層屋頂，五脊六獸。室內用博古架隔扇劃分空間，上部裝紙頂棚，門窗皆用巨木雕刻，玲瓏剔透，花草人物圖案形象生動，不拘一格，千變萬化。

【閱讀連結】

據史料記載，歸德府於一五五八年全面修繕建成時，四城牆均高六公尺，頂寬六公尺，周長約四點三公里。四城門：南為拱陽門，門洞全長二十一公尺，台高八公尺。北為拱辰門，東為賓陽門，西為垤澤門。各門上建有城門樓。四門外各建有扭頭門一座。

城牆四面共有九座敵台，西門向南的第一個馬面呈半圓形建築，其餘皆呈凸出牆外馬頭形。城牆上城堆口三千六百個。城牆角各有一處角台，形制相同，大小不等。

城牆外三點五公尺為護城河，寬處五百公尺，窄處二十五公尺，水深一至五公尺，繞城一周。護城河外五百五十公尺處的護城土堤，基寬二十公尺，頂寬七公尺，高五公尺，周長九公里。

十三朝都城　古都洛陽

　　古都洛陽位於河南西部，因地處古洛水北岸而得名，有著數千年文明史、建城史和建都史。從夏朝開始，先後有商、西周、東周、東漢、曹魏、西晉、北魏、隋、唐、後梁、後唐和後晉十三個王朝在此建都。

　　洛陽歷史曾用名或別名：斟鄩、西亳、洛邑、洛師、成周、王城、雒陽、中京、伊洛、河洛、河南、洛州和三川等。

　　洛陽是中國歷史上唯一被命名為「神都」的城市，也是中國建都最早、朝代最多和歷史最長的都城。

▋先秦時成為群雄必爭之地

　　古都洛陽北靠邙山，南向伊闕，東靠虎牢關，西靠函谷關，洛水穿流而過，四周群山環繞、雄關林立，因而有「八關都邑」、「山河拱戴，形勢甲於天下」之稱和「八方輻輳」、「九州腹地」與「十省通衢」之說。

洛陽青銅侍者俑

洛陽在中國歷史上是歷代群雄逐鹿中原的必爭之地，遠古羲皇、女媧、黃帝、堯、舜和禹等神話，也多傳於此。據傳，洛陽城是中國最早的歷史文獻《河圖洛書》的出現地和人文始祖羲皇的祭祀地。

　　《河圖》與《洛書》兩幅遠古流傳下來的神祕圖案，歷來被認為是河洛文化的開端，是中華文化陰陽五行術的源頭。如太極、八卦、周易、六甲、九星和風水等古老文化，都可追溯到《河圖》與《洛書》。

　　《河圖》：傳說中伏羲透過龍馬身上的圖案，與自己的觀察，畫出「八卦」，而龍馬身上的圖案就叫做「河圖」。八卦源於陰陽概念一分為二，文王八卦源於天文曆法，但它的「根」是《河圖》。

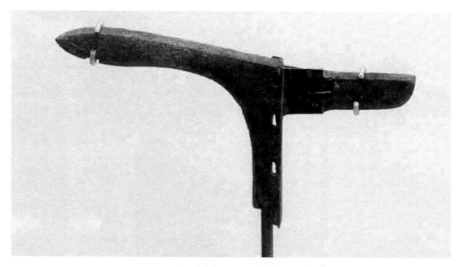

■洛陽出土的武器

　　在羲皇之後，五帝中的帝嚳及他兒子摯都曾建都於亳邑，就是後來的洛陽偃師城關。到了夏朝，洛陽一帶更是夏民族建邦立國的腹地。夏朝第一位國王禹，最早建都在陽城，後來遷都到陽翟。陽城在登封，陽翟在禹州，都離洛陽不遠。

　　洛陽偃師二里頭一帶，曾是夏代帝王太康、仲康和夏桀都城斟鄩的所在地，其都城規模宏大，總面積三點七五平方公里，內有大型宮殿。

公元前十六世紀，夏亡商立。商湯攻下夏都斟鄩之後，在夏都附近另建一座新都，史稱「西亳」。西亳在洛陽偃師一帶，北依邙山，南臨洛河，是控制東西的交通要道，其布局強調以王權為中心的統治理念。

西亳宮城西部宮殿建築基址平面為長方形，東西長五十一公尺、南北寬三十二公尺。用夯土築成，是以正殿為主體，東、西和南三面有廊廡的封閉式宮殿建築。在整個建築的外圍，還有一道厚約兩公尺的圍牆，將宮殿建築封閉起來，自成一體。

■周代貴族武器

據戰國時魏國史官所著史書《竹書紀年》記載，商朝自盤庚實行雙都制後，曾兩次在西亳建都。既有南都西亳城，就是後來的洛陽，又有北都殷城，就是後來的安陽，洛陽與安陽成為姊妹都城。

盤庚：又名殷庚，商代第二十位國王，是一位很有作為的國王。為了改變當時社會不安定的局面，遷都到殷（今河南安陽小屯村）。在那裡整頓商朝的政治，使衰落的商朝復興。

《竹書紀年》相傳為戰國時魏國史官所作，記載自夏商周至戰國時期的歷史。竹書紀年是編年體史書，原書十三篇。記載先秦時期的歷史，與傳統

正史記載多有不同，對研究先秦史有很高的史料價值。竹書紀年的諸多記載也同甲骨文、青銅銘文相類，是現知最早的一套年表系統。

在商朝末年，中國西部的一個歷史悠久的周族部落崛起，勢力相當強大。周族原與夏族和商族同稱為中國原始社會末期的三大部族，夏、商兩朝時期，周是其屬國。

後來，周武王姬發決心滅掉商朝，於是他在公元前一〇六六年率眾東下，經洛陽北部孟津渡河，一舉推翻商朝的統治。商亡周興，定都鎬京，就是陝西西安，史稱「西周」。

西周初建後，周武王決定在後來的洛陽白馬寺東南處另建一座城邑，也就是洛邑。可還未來得及營建，第二年武王就於鎬京病故。他的兒子周成王即位，因其年幼，他的叔父周公輔佐代政。

周公：姓姬名旦，又稱周公旦，也稱叔旦，謚「文公」。他是周代周文王的兒子，是西周初期傑出的政治家、軍事家和思想家。他曾先後輔助周武王滅商、周成王治國。他制定和完善宗法、分封等各種制度，使西周奴隸制獲得進一步的鞏固。

後來，周公按照周武王的遺願營建規模浩大的洛邑。這一次，西周王朝在洛陽營建兩座城堡，一座是王城，一座是成周。兩座城以海河為分界線，東西相距十多公里，東邊的成周城又名下都，在白馬寺東的霍泉以南；西邊的叫王城，在澗河兩岸。

西周因實行一國兩都制，正式國都為鎬京，在陝西西安，稱為宗周。而洛邑在河南洛陽，作為周朝的陪都，稱為成周。在當時，洛邑和鎬京兩個都城都設有最高官署的卿事寮。周公在洛邑輔政，周武王的弟弟召公在鎬京輔政。

據史料記載，洛邑城東西「六里十一步」，南北「九里一百步」，城內有大廟、新造、瀘宮、室榭和各大室等，相當壯觀。王城作為周公召見諸侯和處理政務之用。成周城是大臣們居住和處理政務的地方，也是商末貴族被管制的地方，周公曾率八師兵力戍衛在此。

■洛陽出土的錯金銀銅鼎

　　周成王執政的第五年，遷都於成周，並將象徵王權的重器九鼎也遷到成周。自此，周康王、周昭王、周穆王、周共王和周懿王諸王均曾在這裡主政，洛邑從此成為西周王朝的東方重鎮。

　　在西周時期，由於周公施以仁政，國內迅速發展，「富冠海內，皆為天下名都」。洛邑當時出現採用豎式鼓風爐進行熔煉和鑄造，工藝流程複雜的青銅冶鑄作坊。商業經濟出現了前所未有的繁榮，成為四方貢納的集中點和商品貿易的聚散地。周公死後，他的兒子君陳承襲周公的職位，繼續鎮守在洛邑。後來，在周幽王時期，關中發生大地震，災難嚴重，加之內政腐敗，社會黑暗，宮廷分裂，周幽王於公元前七七一年被殺。

　　公元前七七〇年，少數民族犬戎攻破鎬京，經大肆掠奪後，西都鎬京被搶劫一空，無以成都。鎬京當時處於西北犬戎人的威脅之下，而周朝兵力又不強。為了避開犬戎的侵襲，周平王廢棄鎬京，全部遷都於洛邑，史稱「東周」。直至公元前二五七年為秦所滅。

犬戎：中國古代一個少數民族名，即獫狁，也稱西戎。西周中期以來，隨著周王朝實力的削弱，共、懿、孝、夷四王僅能守成，而西北地區的戎狄逐漸興盛。特別是獫狁，進一步加強對周朝的壓力，不時入侵。周宣王時期曾經打敗犬戎。犬戎後來被秦國所滅。

東周都城洛邑擴建後，北牆全長約二點九公里，牆外有護城壕溝；東牆長約一公里；西城牆迂迴長約三點七公里；南城牆城周約十五公里。城內宮殿建築，排列有序，廓城四周各有三個城門，每門有三條路。王宮建築在中央大道上，城內布局完全按照封建禮制設計，城外南郊還設有明堂。

在東周時期，洛邑又新出現一些如製骨、製陶和石料場等手工作坊。農業也有較大的進步，僅洛邑就有七十四座儲糧倉窖。

公元前五一八年，儒家學派創始人孔子曾到周都洛邑向老子求學，他們談天說地、縱橫古今，被後世傳為佳話。

在戰國時期，洛河名叫洛水，因洛邑位居洛水之北，「水北為陽」，所以洛邑也就改名叫洛陽，並一直沿用。

【閱讀連結】

傳說，遠古時，在洛陽東北孟津縣境內的黃河中浮出龍馬，龍馬將它背負的「河圖」獻給羲皇。羲皇正在茫然之際，忽見龍馬，便頓覺茅塞頓開，這龍馬的形態與自己心中的意念不謀而

周代宮廷編鐘

合。於是他依據龍馬身上的圖案，而演成八卦，後來八卦又成為《周易》的來源。

據中國古代哲學書籍《易·繫辭上》記載：「河出圖，洛出書，聖人則之。」河圖上，排列成數陣的黑點和白點，蘊藏著無窮的奧祕。洛書上，縱橫斜三條線上的三個數字，其和皆等於一五，十分奇妙。

▌東漢時期成為政治經濟中心

秦代時，秦始皇在洛陽設置三川郡，成為全國四十郡之首，郡治設成周故城，統轄洛陽及三門峽等地。當時，洛陽在軍事上是「秦隴之襟喉」和「四方必爭之地」，先後為文信侯呂不韋和河南王申陽的封邑。

西漢時期，三川郡改為河南郡。「河南」正式成為行政區劃中的一個地理名詞。漢高祖劉邦曾以洛陽為都數月，意圖建都洛陽。

後因謀士張良等認為洛陽「雖有此固，四面受敵，非用武之國」，而「關中左殽右函，隴蜀沃野千里，阻三面而固守，獨一面以制諸侯」，西漢正式建都於咸陽。

新莽末年，海內分崩，劉秀在家鄉乘勢起兵，他就是後來的漢世祖光武皇帝。公元二二年，漢延宗更始帝劉玄建立更始政權後，建都於洛陽，次年遷都長安。

■劉秀（前五年至公元五七年），東漢開國皇帝，著名的政治家、軍事家。新莽末年，劉秀在家鄉乘勢起兵。公元二五年，劉秀在河北登基稱帝，以「漢」為其國號，史稱「東漢」。劉秀在位三三年，成就歷史上「風化最美、儒學最盛」的時代。

　　長安是西安的古稱，從西周到唐代先後有十三個王朝及政權建都於長安。是中國歷史上建都時間最早，歷時最長，朝代最多的古都，是中國歷史上影響力最大的都城。

　　公元二五年時，劉秀與更始政權公開決裂。後來，劉秀迫降數十萬銅馬農民軍，實力大增，當時關中的人都稱河北的劉秀為「銅馬帝」。劉秀在眾將擁戴下，登基稱帝於河北鄗城，即河北邢台。

　　為了表達劉氏重興漢室之意，光武帝劉秀改元「建武」，仍以「漢」為其國號，史稱「東漢」、「後漢」。光武帝定都洛陽。自此，在一百九十六年的統治中，其中有十四個皇帝以洛陽為都，共有一百六十五年之久。

　　東漢時期的洛陽為天下名都，洛陽城最初是劉秀在周代成周城、秦三川郡治基礎上營建起來的。此後，洛陽一直是全國政治上舉足輕重、經濟和文化繁榮發達的都市，曾一度為世界第一流的大城市。

　　洛陽城垣綿亙斷續，高出地面一兩公尺，部分高出五至七公尺，城址呈不規則長方形，周長約十四公里，建有城門十餘座。城內外宮殿建築布局完全按照封建禮制設計，宮城建築分南北兩宮。

■洛陽古蹟白馬寺

　　南宮為議政的皇城，宮殿樓閣鱗次櫛比，朱雀門宏偉壯觀，峻極連天；北宮為皇宮寢居的宮城，崇樓高閣，風景秀美，規模最大的德陽殿，「周旋容萬人，階高二丈，畫屋朱梁，玉階金柱，四十五里外觀之與天地」。

■洛陽漢代石刻

　　洛陽城有縱橫二十四條街，街的兩側種植栗、漆、梓、桐四種行道樹。官署民宅星羅棋布。東漢恢復對西域的統治後，為了保衛「絲綢之路」的順暢，促進中國和中西亞各國的經濟文化交流。朝廷在洛陽城內建有招待四方夷族和外國使臣的胡桃宮。

　　在洛陽城西有中國最早的佛寺白馬寺，中國僧院從白馬寺開始便泛稱為寺，因此白馬寺被尊為「祖庭」和「釋源」。在洛陽城外南郊有中國古代的最高學府太學、國家天文台靈台以及太廟明堂和辟雍。

　　光武時期是儒學最盛的時代。光武帝建國後，繼承西漢時期獨尊儒術的傳統，在洛陽偃師修建面積達五萬平方公尺的太學，設置博士，各以家法傳

授諸經。他還常到太學巡視和學生交談。在他的提倡下，許多郡縣都興辦學校，民間也出現很多私學。

儒學：儒家學說，起源於東周春秋時期，為諸子百家之一。漢朝漢武帝時期起，成為中國社會的正統思想。如果從孔子時代算起，儒家已有兩千多年的歷史。隨著社會的變化與發展，儒家學說從內容、形式到社會功能上也在不斷地發生變化與發展。

辟雍：也作璧雍，本為西周天子為教育貴族子弟設立的大學。取四周有水，形如璧環為名。南為成均、北為上庠，東為東序，西為瞽宗，中為辟雍。其中以辟雍為最尊。西漢以後，歷代皆有辟雍，除北宋末年作為太學之預備學校外，多為祭祀用。北京國子監內的辟雍，就是乾隆時期建造，作為皇帝講學之所。

光武帝巡幸魯地時，曾遣大司空祭祀孔子，後來他又封孔子後裔孔志為褒成侯，用以表示他尊孔崇儒。

■王莽（公元前四五年至公元二三年），字巨君，新朝建立者，即新始祖。王莽謙恭儉讓，禮賢下士。西漢末年，社會矛盾激化，王莽被看作是「周公再世」。公元八年，王莽代漢建新，建元「始建國」，宣布推行新政，史稱「王莽改制」。

同時，鑒於西漢末年的一些官僚、名士醉心利祿，依附於王莽代漢，光武帝對於王莽時期這些隱居不仕的官僚、名士加以表彰、禮聘，並表揚他們忠於漢室、不仕二姓的「高風亮節」。

東漢時期科學文化繁榮昌盛，中國古代四大發明中造紙術的改造者蔡倫試制的「蔡侯紙」；天文學家、地理學家張衡創製的渾

天儀、候風儀和地動儀；科學家馬均發明的指南車、記里鼓車、龍骨水車等，都是在洛陽研製成功。

文學家許慎著有《說文解字》；哲學家王充作有《論衡》；史學家班固、班昭兄妹著有中國第一部體例完備、內容豐富的斷代史《漢書》等，也都成書於洛陽。

王充：字仲任，先祖從魏郡元城遷徙到會稽。王充年少時就成了孤兒，鄉裡人都稱讚他孝順。後來到京城，到太學裡學習，拜扶風人班彪為師。《論衡》是王充的代表作品，也是中國歷史上一部不朽的無神論著作。

當時，今文經學與古文經學爭論激烈。公元七九年時漢章帝劉炟曾特意在白虎觀大會群儒，議五經異同，並命班固編成《白虎通義》書，作為定論。太學門前所立「熹平石經」就是當時的官定樣本。

此外，中國唯一的「林、廟」合祀的古代經典建築就位於洛陽城南，此廟為祭祀以忠義和勇猛見稱的東漢末年名將關羽而建，俗稱「關林廟」。

關林廟占地十二萬平方公尺，舞樓、大門、儀門、拜殿、大殿、二殿、三殿、奉敕碑亭和關塚，構成關林廟巍峨宏大的建築格局。其主體建築上的龍首之多，為中原之最。

關林廟正門為五開間三門道，朱漆大門鑲有八十一個金黃乳釘，享有中國帝王的尊貴品級。殿宇蓋顯高聳、飛翅凌空、氣勢崢嶸。廳中塑有關羽頭戴一二冕旒王冠，身著龍袍的坐像。

東漢末年，漢王室衰落。隨後董卓進京，逼宮殺帝。曹操當時已是軍中高級將領，因拒絕董卓拉攏，被迫逃出洛陽。之後，他號召天下英雄討伐董卓，迅速得到關東各路英雄的響應。

董卓聞訊後，將漢獻帝劉協和洛陽民眾遷往長安，就是後來的陝西西安。並於公元一九〇年一把大火焚燒了洛陽宮室，洛陽都城的大部分建築被付之一炬。

漢獻帝：劉協，字伯和，又字合。漢靈帝第三子，漢朝最後一任皇帝。初封陳留王，公元一八九年董卓廢劉辯，立劉協為皇帝。公元一九六年，曹操控制劉協，並遷都許昌。公元二二〇年，曹操病死，劉協被曹丕控制，隨後被迫禪讓於曹丕。公元二三四年，劉協病死，葬於禪陵，謚號孝獻皇帝。

■漢代武士復原像

在公元一九六年的時侯，被董卓劫持到西安的漢獻帝在董卓死後，歷盡千辛萬苦，又回到當時仍舊是一片廢墟，而且破敗不堪的首都洛陽。在洛陽，漢獻帝和百官們的飲食起居，形同乞丐。

曹操得知這一消息後，在八月時果斷地採納謀士毛玠「奉天子以令不臣」的建議，派兵進駐洛陽。曹操控制了劉協，並遷都許昌，「挾天子以令諸侯」。

公元二一九公元年，魏王曹操回到荒廢的帝都洛陽，下令重建北部尉廨，就是他曾經在洛陽做縣尉時的官署；興修建始殿，也就是漢都洛陽的宮殿。但洛陽重建還沒完成，公元二二〇年正月曹操就在洛陽病逝世了。隨後，曹操之子曹丕，就是後來的魏文帝繼任丞相、魏王。此後，曹丕受禪登基，以「魏」代「漢」，史稱「曹魏」、「漢魏」，定都洛陽，歷時四十六年。

魏文帝修復洛陽城後，洛陽城的面積達了四萬平方公尺。考古發現，其中心建築為一座高八公尺，南北四十一公尺，東西三十一公尺的方形夯土高台。

明堂遺址位於靈台遺址東，主體建築南北六十四公尺，東西六十三公尺，厚二點五公尺。辟雍遺址在明堂遺址東側，長寬各一百七十公尺，由四個不同方位的「品」字形夯基構成。

魏文帝在位時，他下令人口達十萬的郡國每年察舉孝廉一人；重修孔廟，封孔子後人為宗聖侯，恢復太學；置五經課試之法，設立春秋谷梁博士。由於他力推儒學文化。魏國在短期內復興封建正統文化。

　　後來，魏明帝曹叡繼位後，曹魏與蜀漢、東吳多次發生戰事。魏明帝重用曹真、張郃、司馬懿、滿寵等名將作戰，都成功地抵禦這些內外戰爭。

■魏文帝（公元一八七年至二二六年），曹丕，三國著名的政治家、詩人，曹魏的開國皇帝。作有《燕歌行》，《燕歌行》採用樂府體裁，以句句用韻的七言詩形式寫作，是中國最早最完整的七言詩。

■洛陽漢代石馬

公元二三五年，蜀漢丞相諸葛亮死後，魏蜀邊境上的侵擾有所減緩。

公元二三八年，魏明帝命司馬懿平定遼東。之後，又開始在魏都洛陽城的西北角大興土木，建了一座豪華峻麗的金墉城。由三座毗連的小城組成，平面呈目字形，南北約一公里，東西兩百五十公尺，城外有河水環繞。

【閱讀連結】

東漢政權建立以後，光武帝又逐步掃平各方勢力，最終統一全國。他在位期間，勵精圖治，偃武修文，中央集權，歸於尚書，簡化機構，裁減冗員，抑制豪強勢力，實行度田政策。社會經濟逐漸得到恢復並興盛，史稱「光武中興」。

同時，光武帝還特別注意民生，與民休息。釋放奴婢和刑徒，整頓吏治，提倡節儉，薄賦斂，省刑法等。各項政策措施，都不同程度地實行，使得墾田、人口都有大幅度的增加。從而為東漢前期八十年間國家強盛的「明章之治」奠定物質基礎。

北魏至唐武周時期的京都

公元三八六年，拓跋珪改國號「魏」，建都平城，就是後來的山西大同。史稱「北魏」。

公元四三九年，太武帝拓跋燾統一北方。公元四九三年，北魏孝文帝拓跋宏決定遷都洛陽，皇帝改姓元。

孝文帝：魏孝文帝拓跋宏，是獻文帝拓跋弘的長子，北魏王朝的第六位皇帝，原名拓跋宏，後改為元宏。傑出的政治家、改革家。即位時僅四歲，公元四九○年親政後，進一步推行改革。孝文帝的改革，對各族人民的融合和各族的發展，起了積極作用。

孝文帝遷到洛陽後，將洛陽擴建為外郭、內郭和宮城三部分。內郭城為漢魏晉時舊城，宮城總範圍南北一千三百九十八公尺，東西六百六十公尺。城內經緯通達，宮城南面的東西大街將京城劃為南北兩部分，與此交叉的銅駝街，從宮城南出，為京城中心大道。

■隋唐時期的洛陽城池圖

　　朝廷衙署和社廟分布於京城中心大道兩旁。城內外三百多個里坊，整齊劃一，而且有嚴格的管理制度，其後為隋唐長安和洛陽城所效仿。城南擴建有金陵、燕然、扶桑和龜慈四夷館。

　　東魏、西魏以後，洛陽一帶因戰亂而淪為廢墟。公元五八一年，北周靜帝宇文闡禪讓帝位於楊堅。楊堅就是隋文帝，建國隋朝，定都大興城，就是後來的西安。隋朝結束了自東晉末年以來，中國長達近三百年的分裂局面。

　　公元六〇四年，隋煬帝楊廣繼位後，決定遷都洛陽。隋煬帝認為「洛陽自古之都，王畿之內，天地之所合，陰陽之所合，控以三河，固以四塞，水陸通，供賦等」，是帝王建都的理想之地。同年，隋煬帝楊廣巡視洛陽，並下令在洛陽故王城東，漢魏城以西九公里之處營建東京。

歷時一年，一座周長達二十七公里的都城拔地而起。隋都洛陽城分宮城、皇城和外郭城等。外郭城也稱羅城，是官吏的私宅和百姓居住之地，設三市一百零三坊，布局狀如棋盤。

宮城又名紫微城、太初宮，位於都城的西北角。是議事殿閣和宮寢所在地，宮城四面有十個城門。皇城又叫太微城，環繞宮城東、西、南三面，為皇戚府第和衙署所在地。

為了貫通江南經濟地區、關中政治地區，與燕、趙、遼東等軍事地區的運輸和經濟發展，隋煬帝於公元六〇五年推動隋唐大運河的建造。從而使洛陽成為南北交通樞紐，洛陽也迅速成為國際性商業都市。

唐朝立國之時，全國還沒有統一。公元六二一年，唐高祖李淵之子秦王李世民率兵東征，威逼洛陽。

■李世民（公元五九九年至六四九年），唐太宗，唐朝第二位皇帝，在位二十三年，年號貞觀。他不僅是著名的政治家、軍事家，還是一位書法家和詩人。公元六二六年登基後，開創著名的貞觀之治，被各族人民尊稱為天可汗，為唐朝全盛時期的開元盛世奠定重要基礎。

李世民在王世充獻出東都後，嚴令大軍不得殺戮，商肆由親軍嚴守，戰士以功行賞，確保了東都洛陽百姓的生命財產。

在唐代，洛陽的行政區變化很大。但河南郡改為都畿道河南府，仍以洛陽為中心。轄區比隋朝的河南郡大，加入了後來的禹州、新密、洛寧、濟源、溫縣和孟州。

六二七公元年，秦王李世民繼唐高祖李淵之位，史稱唐太宗。他在位期間，任用賢能，從善如流，聞過即改，開創了初唐盛世。在他即位不久，便在洛陽舉行第一次科舉考試，以招賢納士、選拔人才。

此外，唐太宗還下詔改洛陽為洛陽宮，並修洛陽宮，以備巡幸。他曾三次去洛陽處理政務及外事，在洛陽宮居住處理政務達兩年之久。

公元六四九年，唐太宗駕崩，他的兒子李治繼位，是為唐高宗。公元六五七年，高宗與武則天率滿朝文武來到洛陽宮，改洛陽宮為東都。

李治：字為善，唐太宗李世民第九子。公元六四三年，被冊立為皇太子。公元六四九年即位於長安太極殿，唐朝第三任皇帝，開創了有貞觀遺風的永徽之治。唐代的版圖，以高宗時為最大。李治在位三十四年，駕崩後葬於乾陵，廟號高宗，諡號天皇大帝。

上陽宮是唐高宗時期修建的，毗連於宮城西的大型宮苑型離宮，又稱「西苑」。當時洛陽花圃極盛，西苑就是歷史上著名的禁苑。西苑北起邙山，南至伊闕諸山，西止新安境內，周圍一百一十四公里。其內造十六院，名花美草，冬日也剪綵為荷。人造海中的仙山高出水面三十多公尺。

禁苑：唐朝三座宮城之外又有三座大型苑囿，分別為西內苑、東內苑和禁苑。三苑之中，禁苑的規模最大。禁苑原是隋代大興苑。因其中又包含東內苑、西內苑兩個小苑，故也稱為「三苑」。

■武則天（公元六二四年至七〇五年），女政治家和詩人，中國歷史上唯一正統的女皇帝，也是壽命最長的皇帝之一。公元六八三年，她作為唐中宗、唐睿宗的皇太后臨朝稱制。後自立為皇帝，定洛陽為都，改稱神都，建立武周王朝。

　　後來，唐高宗因病懶於朝政，武則天逐漸掌握大權。在武則天執政的半個世紀中，社會經濟快速發展。

　　公元七〇二年，武則天於庭州置北庭都護府，就是後來的新疆吉木薩爾北破城子。取代金山都護府，管理西突厥故地。北庭都護府仍隸屬於安西都護府，以鞏固唐朝中央政府對西域地區的管轄。

在神都宮城中，最為壯觀雄偉的為應天門北乾元門內的正殿乾元殿，武則天用作明堂後稱萬象神宮。是進行大朝會、上尊號、大赦、改元、獻俘等禮儀活動的重要殿堂。

明堂有上、中、下三層，上施鐵鳳，高三公尺餘，飾以黃金。中有巨木十圍，上下貫通，下施鐵渠，為辟雍之象。

在神都宮城四面有十個城門，其中有一座名叫「應天門」的正南門，在都城門中最為尊崇，若冬至，除舊布新，當萬國朝貢使者等重大慶典時，皇帝均登臨其上。武則天的登基大典就是在此門舉行。而且皇帝們接見外使也常在這座門上。

應天門由門樓、朵樓、闕樓、廊廡等部分組成。朵樓為方形夯土台基，外砌土襯石及散水石。在朵樓東西裡側，緊貼城牆有登樓的上下馬道，寬約五公尺。闕樓東西寬約三十二公尺，連接朵樓與闕樓之間的廊廡長三十八公尺，寬約十一公尺，高約四公尺。夯土基礎兩側分布整齊的柱洞，洞外側砌有青石基礎，以腰鐵相連。

■ 隋唐洛陽城國家遺址公園

在神都城南還設有四方館，以接待四方來客。在皇城外東北角的嘉倉城建有當時全國最大的地下糧倉，儲糧量達一億多公斤。在城外還有洛口倉和回洛倉等，為京都儲納或轉運糧食。

洛陽漕運非常發達，隋運河開鑿，以洛陽為中心，西到長安，東至海南達餘杭，北抵源郡。洛陽城內渠道如網，處處通漕。北市開一新潭，經常有萬餘艘舟船停泊於此，商販貿易，異常繁榮。

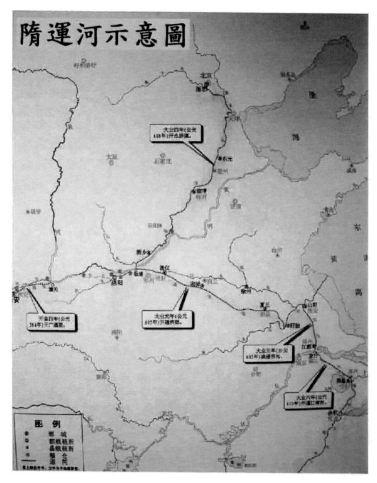

■隋唐大運河圖示

在這一時期裡，著名文學家、詩人李白、杜甫、白居易、賀知章、王昌齡、韓愈、張說、劉希夷、劉禹錫和李賀等均有描繪洛陽的詩文傳世。在上清宮、天宮寺、福先寺等有畫聖吳道子創作的壁畫，其「吳帶當風」的風格為當世所推崇。

吳道子：又名道玄，唐代畫家，畫史尊稱吳生。他從事壁畫創作，後以善畫被召入宮廷。他擅長佛道、神鬼、人物、山水、鳥獸、草木和樓閣等繪畫，尤精於佛道和人物的壁畫創作。

公元七二五年，唐朝畫家、天文儀器製造家梁令瓚與高僧一行用銅鑄造渾天銅儀，梁令瓚還製造發明全世界最早的自動報時機械鐘。高僧一行實測子午線及撰新曆《大衍曆》使天文曆算又出現一個新的高潮。

洛陽寺廟林立，多教匯聚於此地。尤其佛教在洛陽又形成高峰，佛、道、儒三家滲透融合，使佛教的經論、儀規、造像幾乎完全中國化。唐立寺造像靡費巨額，龍門石窟中規模最大、雕造極精的奉先寺石窟，是這時期雕琢藝術水平的最高代表。

龍門石窟

　　唐玄宗後期，由於怠慢朝政，寵信奸臣，加上政策失誤和重用安祿山等佞臣，導致長達八年的安史之亂，為唐朝中衰埋下伏筆。「安史之亂」後，唐朝的中央權力被大大削弱，而節度使的權勢越來越大，最終形成的割據勢力導致唐朝的覆滅。

【閱讀連結】

　　北魏時期推崇佛教，城內外佛寺達一千三百六十七所，其中以高達二百七十公尺的永寧寺木塔最為壯麗。北魏晚期，由於胡靈太后大力推行佛教，佛教盛極一時，在她的支持下，北魏時期在洛陽興建許多石窟，如希玄寺和廣化寺。

希玄寺位於洛陽鞏義，僅佛像就有七千七百四十三座。其中，《帝后禮佛圖》是中國唯一的石刻圖雕，具有極高的價值。

廣化寺位於洛陽龍門石窟，建有高山門、天王殿、伽藍殿、三藏殿和地藏殿五大建築。

▌相繼作為後梁後唐後晉的都城

公元九〇一年，宣武節度使朱溫晉封梁王後，透過歷年征戰，勢力更加龐大。公元九〇四年，他發兵長安，挾持唐昭宗李曄遷都洛陽。

之後，朱溫仍擔心唐昭宗有朝一日東山再起，就謀害唐昭宗，又借皇后之命，立十三歲的李柷為帝。李柷是為唐哀帝。

公元九〇七年，朱溫更名為朱晃，是後來的梁太祖。他在廢掉唐哀宗後自立為皇帝，改元開平，國號「大梁」，史稱「後梁」。朱溫即位後，他升汴州為開封府，就是後來的河南開封，建為後梁的西都。從此，唐朝滅亡。

公元九〇九年，後梁太祖遷都洛陽。由於他與據有太原的沙陀貴族李克用、李存勗父子連年征戰，損耗大量的人力和財物，逐漸喪失軍事上的優勢。後因他晚公元年未定皇位繼承人，皇室內部矛盾尖銳。

李存勗：（公元八八五年至九二六年），後唐莊宗，是五代時期後唐政權的建立者。唐末河東節度使、晉王李克用的長子。公元

▌洛陽出土的武士

九〇八年繼晉國王位，之後經過多年的南征北戰，使晉國逐漸強大起來。公元九二三年稱帝，國號「唐」，史稱後唐。公元九二六年死於兵變。

　　公元九一二年，梁太祖在營寨被李存勖夜襲後，退到洛陽，而且病入膏肓。公元九一三年，梁太祖四子朱友貞繼位，又遷都開封，是為梁末帝。之後，雙方多次交戰，均以梁末帝失敗告終。但晉軍也因此戰元氣大傷，梁晉戰爭沉寂一段時期。

　　公元九二三年，晉王李存勖在魏州，在河北大名稱帝，國號「大唐」，史稱「後唐」，他就是後唐莊宗。後唐乘後梁西攻澤州，派大將李嗣源率騎五千襲擊鄆州。後梁啟用王彥章為帥，北討後唐，結果被俘斬。九二三公元年，後梁滅亡。

　　九二三公元年，後唐莊宗李存勖遷都洛陽，改西都為洛京，後又稱東都。後來，由於唐莊宗寵用宦官，重用伶人並委以軍國大事，朝廷上下離心離德，將士百姓怨氣沖天。唐莊宗最終在公元九二六年死於兵變。

　　後唐末年，後唐河東節度使石敬瑭在晉陽，就是在後來的山西太原起兵。由於他的勢力不足以與後唐對抗，於是他勾結契丹，認遼太宗耶律德光為父，並將幽雲十六州拱手獻給契丹，另加歲貢帛三十萬匹。

　　契丹：中古出現在中國東北地區的一個民族。自北魏開始，契丹族就開始在遼河上游一帶活動，唐末建立了強大的地方政權。公元九〇七年，建立契丹國，後改稱遼，統治中國北方。遼代末年，女真族起事，遼帝國迅速走向滅亡。公元一一二五年為金所滅，其餘部建立西遼王國，延續了九十三年。

■洛陽出土的宋代磚刻

公元九三六年，在遼太宗耶律德光的幫助下，石敬瑭攻入洛陽，滅掉後唐。隨後，遼太宗耶律德光冊封石敬瑭為大晉皇帝，建都洛陽，國號「晉」，史稱「後晉」。

後晉高祖死時，立他的侄子石重貴為繼承人，他登基後決定漸漸脫離對契丹的依附，首先宣稱對耶律德光稱孫，但不稱臣。

自公元九四四年契丹伐晉，連續兩次交戰，互有勝互。公元九四七年，契丹再次南下，後晉重臣杜重威降契丹，石重貴被迫投降。後晉之後，後漢、後周相繼將開封作為國都，洛陽則作為陪都。

■宋代出土的瓷枕

　　自後梁起，後唐、後晉相繼建都於洛陽，均以後梁河南尹張全義修葺的宮城為都。城郭規模、建築布局無大改觀，皇城、宮城遠非隋唐洛陽盛況，城周長五十二里九十六步。

　　由於戰亂和朝代的頻繁更迭，洛陽的歷史從此走到了衰落的階段。至北宋時期，宋太祖趙匡胤在汴京稱帝後，洛陽再未做過國都。但河南府仍以西京洛陽為中心，管轄後來的鞏義、登封、澠池、偃師、孟津、伊川、新安、宜陽、洛寧和嵩縣。

　　作為北宋的陪都，其城郭、宮室和清渠經多次修葺，仍保持五代時舊觀。由於年久失修，加之後來金人入主中原，盡焚宮闕，這座古城最後蕩然無存。

　　洛陽名園林立，有「天下名園重洛陽」和「洛陽花木甲天下」之稱譽。
北宋文學家、名臣李格非遊洛陽時，曾撰成《洛陽名園記》。當時士大夫們
多嚮往「生居洛陽，死葬朱方」。

■司馬光（公元一〇一九年至一〇八六年），字君實，號迂叟，世稱涑水先生。北宋政
治家、文學家、史學家。歷仕仁宗、英宗、神宗、哲宗四朝，卒贈太師、溫國公，諡文正。
主持編纂中國歷史上第一部編公元年體通史《資治通鑑》。

　　大學「國子監」設立於洛陽。北宋卓越的政治家、文學家趙普和呂蒙正、
富弼、文彥博、歐陽修等都曾居住洛陽。史學家司馬光在洛陽寫出《資治通
鑑》，文學家歐陽修在洛陽編著《集古錄》，理學家程頤、程灝、張載和邵
雍都在洛陽留下名著。

　　在北宋時期，由於朝廷對佛教的極力推崇，僅洛陽一帶就興建了許多寺
廟，其中最知名的廟宇，如北宋時期所建的觀音寺與南宋時期所建的靈山寺。

觀音寺位於洛陽城南汝陽，又稱「下寺」，仿洛陽白馬寺布局，寺內存有大量壁畫，人物形象栩栩如生。

靈山寺位於洛陽靈山北麓。靈山寺有四大奇觀一直為人稱道：一為寺門向北開，中國絕大多數寺院都是坐北向南，而靈山寺卻是坐南向北；二為寺院有山門，靈山寺與別的寺院不同，獨有城樓式山門；三為佛像有鬍鬚，這在全國是罕有的；四為寺院與尼姑庵緊連，這在別的地方也是極少見的。

山門：又作三門，是禪宗伽藍的正門。三門有智慧、慈悲和方便三解脫門之義，或者象徵信、解和行三者。三解脫門是指：空門、無相門和無願門。

金滅北宋後，洛陽遭到再次毀滅性打擊元氣太傷，從此淪為一個地方性城市。金朝將洛陽定為中京，設金昌府，並置洛陽縣，重建洛陽城。金代時所建洛陽新城，就是後來洛陽老城的前身，規模很小。

公元一二三四年，蒙古族在全力滅金後，又火速進入了滅宋的戰爭中。而洛陽地處戰爭腹地，再遭劫難，百業凋零，經濟蕭條。

元朝時期，洛陽設河南江北行省，此後河南所指代的範圍，不再限於河洛地區，而是作為河南江北行省或者河南省的次級行政區而存在。這一時期，河南府路向西擴展，納入靈寶、陝縣和洛寧等地。

行省：原為中央派出的高級機構，之後成為地方行政區域名稱。南宋和金代已有行省之稱。元朝的中央政府稱為中書省，統管軍民事物，之後成為最高一級行政區劃。明初加強中央集權，撤銷行中書省，改設承宣布政使司，習慣仍稱行省，簡稱省。清初增為十八個行省，後又增為二十二個行省。

到了明朝時期，河南府進一步擴大，又增加盧氏、欒川、嵩縣和伊川大部。公元一三六八年，明太祖朱元璋在洛陽置河南府，並於公元一四〇八年把他的兒子伊厲王朱彝封藩洛陽。公元一六〇一年，明神宗朱翊鈞把第三子福恭王朱常詢又封藩洛陽。洛陽作為明朝藩王的封地長達兩百五十年之久。

明代洛陽城是伊王、福王的封邑和河南府、洛陽縣的治所，建築規模比金、元有所擴大。公元一三七三年，明威將軍陸齡依金、元舊址築磚城，挖

掘城壕。城周圍約四公里，牆高十三點三公尺，壕深約十六點七公尺，闊十公尺。

明代洛陽城開四門，東曰建春，西名麗景，南稱長夏，北為安喜。城門上建闕樓，外築月城，環城設三十九座敵台。萬曆初年，河南守道楊俊民又改四門名稱為東「長春」、西「瑞光」、南「薰風」、北「拱辰」。崇禎末年，又在城外築一道牆，高約四點三公尺，寬三點三公尺、周長三十三里。

洛陽出土的元代建築石刻

在清代時期，清朝在洛陽置府治，設洛陽縣。在明代王府的廢墟上重建洛陽知府衙門，曾作過光緒皇帝的行宮。清代洛陽城與明代洛陽城相同。歷任知府、知縣都對城郭街道有所修繕。

　　公元一六四五年至一六四九年，守道趙文蔚和知府金本利用福王殘垣廢磚，修砌加固四面城牆，建城樓八座。公元一七〇五年以後，分別重修四面城門樓，且定名為東「迎恩」、西「方安」、南「望塗」、北「長慶」。

　　清代洛陽城內東西、南北兩條主幹道。分東南、西北、東北、西南四隅。河南府署及通判署、教授署、推官署、經幣署、察衙署均分布在四隅街巷內。

【閱讀連結】

　　靈山寺有兩孔石窯。東面窯裡的石雕佛像，額題是「何須面壁」，兩側掛著「莫向他山借石；還來此地做人」的一副對聯，所含禪機耐人尋味。西面窯額題「聖澤日新」，窯內有一股清泉流出，經石橋繞向前院，注入東西湯王池。

　　石窟後建有一座高台，上有大湯王殿及東西廂房。台上栽植數株銀杏樹和「扭筋蓮花柏」，遊人可在此盡享前人留下的餘蔭。觀音寺中還有湯王池、洗心井等名景，池中或井中的水位無論旱澇，始終如一，堪稱一絕。

五朝都城　古都鄭州

鄭州是河南省的省會，位於河南中部偏北，在萬里母親河黃河南岸，是中原地區的大都會。鄭州是五帝、夏、商三朝的腹地，為中華民族的發祥地之一，孕育了中華民族光輝燦爛的文化。

鄭州歷史悠久，早在五千年前，它就是皇帝的都邑。此後，夏、商、管、鄭、韓五朝相繼以鄭州為都，隋、唐、五代、宋、金、元、明和清八代均在鄭州設州。

▋從軒轅故里祠到商湯建都

公元前三千年左右的仰韶文化時期，也就是新石器時代的中晚期，在中國的中原一帶居住一個以熊為圖騰的有熊氏部落。

仰韶文化：是黃河中游地區重要的新石器時代文化，因在河南澠池縣仰韶村被發現而得名。但仰韶文化以陝西華山為中心分布，分布最為密集的地區在陝西關中、陝北一帶。仰韶文化的持續時間大約在公元前五千年至公元前三千年，分布在整個黃河中游，從今天的甘肅省到河南省之間。

有熊氏部落首領有個兒子叫軒轅。軒轅長大後被人們擁立為有熊氏部落的首領，人稱黃帝。據說，軒轅黃帝非常有才華，發明創造繁多，成就輝煌，被尊為中華民族的「人文始祖」。後來，人們為了紀念他，便在黃帝建都的地方新鄭，修建軒轅故里祠。

這座祠堂始建於漢代，明清時期均有修建。公元一七五一年，新鄭縣令徐朝柱在祠前立了一通「軒轅故里」碑。

■軒轅為中華民族始祖，人文初祖，中國遠古時期部落聯盟首領。他播百穀草木，大力發展生產，始製衣冠，建造舟車，發明指南車，定算數，制音律，創醫學等。曾戰勝炎帝於阪泉，戰勝蚩尤於涿鹿。諸侯尊為天子，被視為中華民族的始祖。因土是黃色的，所以稱為黃帝。

　　在河南新鄭區軒轅路的黃帝故里景區內，主要有正殿、東西配殿和祠前庭等。正殿五間，大殿門楣上寫著「人文始祖」的題詞。中央供奉軒轅黃帝中年金身塑像，上面有「人文初祖」四字匾額。

■黃帝故里

　　在大殿四周的牆壁上是八幅壁畫，生動地展示黃帝一生的豐功偉績。在大殿後邊有黃帝的出生地軒轅丘。

　　東西配殿各三間，東配殿內塑有黃帝的元妃嫘祖「先蠶娘」像。西配殿內塑有黃帝的次妃嫫姆「先織娘」像。

　　祠前庭三間，以圖片展示河南新鄭的裴李崗、仰韶和龍山文化時期文物。祠庭院內，還樹有「林則徐拜祖碑」和世界客屬總會拜祖碑等。

　　除了這座軒轅故里祠，在河南新鄭地區距離縣城西北約八公里處的裴李崗村西，還有一處八千年前的人類文化遺存——裴李崗遺址。

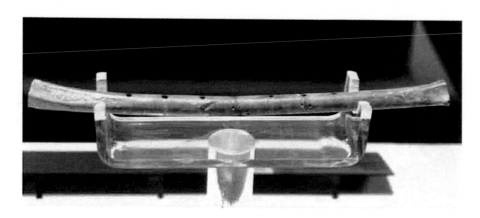

■裴李崗遺址出土的骨笛

此遺址面積達兩萬平方公尺。該遺址的發現填補了中國仰韶文化以前，新石器時代早期的一段歷史空白。從此處發掘出墓葬一百一十四座、陶窯一座、灰坑十多個，還有幾處殘破的穴居房基。

出土各種器物四百多件，包括石器、陶器、骨器以及陶紡輪、陶塑豬頭、羊頭等原始藝術品。

這些遺址的發現，標誌華夏子民從八千年前便已存在，這對中國的史前文明研究具有十分重要的意義。

公元前二○七○年至公元前一六○○年，夏朝的禹建都於登封陽城王城崗，禹的兒子啟建立了中國歷史上第一個奴隸制王朝。從此，以嵩山為中心的伊洛河和潁河上游一帶，以及山西南部是夏人的活動中心。

商部落從君主契開始至商湯共遷徙八次。公元前一六七五年，商湯以「弔民伐罪」的名義攻占夏朝國都封丘，滅掉夏桀，創立中國歷史上第二個奴隸制王朝，商湯建都今鄭州市區一帶，史稱西亳。

契：契玄王，堯時司徒。子姓，河南商丘人，帝嚳的兒子，唐堯的異母弟，生母為簡狄。有娀氏有兩個女兒，大女兒叫簡狄，小女兒叫建疵，兩人都長多非常的美麗動人。傳說，簡狄因吞食了燕卵而生契。

夏桀：又名癸、履癸，商湯把他諡號桀，是兇猛的意思。桀是夏朝第十六代君主發的兒子，在位五十二年。履癸文武雙全，但荒淫無度，暴虐無道。商湯在名相伊尹謀劃下，起兵伐桀，後被放逐而餓死，是歷史上著名的暴君。

商代都城有內外兩重城垣，內城城垣呈長方形，外城城垣呈圓形圍繞內城。其「外圓內方」的城郭布局體現古人「天圓地方」的宇宙觀。

商代城周長達七公里，面積四千四百三十平方公尺。牆體採用分段版築法逐段夯築而成，夯層較薄，夯窩密集，相當堅固。在城牆內外兩側都建有夯土結構的護城坡。

在城東北部有大型宮殿，城四周有鑄銅、製陶等手工業作坊及大面積住房和水井等。宮殿區近四十萬平方公尺基址都用紅土與黃土夯築而成。台基平面多呈長方形，表面排列有整齊的柱穴，柱穴底部有柱礎石。

在宮殿區內，不僅有中國最早的原始青釉瓷尊和商代王室專用的青銅方鼎，還有專門用於貴族祭祀活動的地方。這些古老的建築群，後來被作為「鄭州商城遺址」，保存至今。

青釉：中國瓷器著名的傳統顏色釉，亦稱「青瓷釉」。古代南方青釉，是瓷器最早的顏色釉。所謂「青釉」，顏色並不是純粹的青，有月白、天青、粉青、梅子青、豆青、豆綠、翠青等，但多少總能泛出一點青綠色。同時，古人往往將青、綠、藍三種顏色，一統稱為「青色」。

鄭州商城遺址坐落在鄭州商代遺址中部，也就是鄭州市區偏東的鄭縣舊城及北關一帶。城牆始築於商代中期的二里岡文化期，距今約有三千六百多年的歷史。

二里岡文化：商代前期重要文化遺址，位於河南鄭州市東南部，時代早於殷墟。包括上下文化層，陶器多是泥質灰陶和夾砂灰陶。下層的鬲、甗、罍多作卷沿、薄胎、高錐足，飾以細繩紋。以該遺址為代表的同類遺存稱二里岡文化。

■商代都城遺址

■鄭州商代遺址

商城遺址近似長方形，北城牆長約一點六九公里，西牆長約一點八公里，南牆和東牆長度均為一點七公里，周長近七公里。城牆底寬二十公尺左右，頂寬五公尺多，其高度復原後約十公尺。以全部城牆長、寬、高計算，鄭州商城所用夯土量約為八十七萬立方公尺。

城牆周長六點九六公里，有十一個缺口，其中，有的可能是城門。城內東北部有宮殿區，宮殿基址多處，其中心有用石板砌築的人工蓄水設施。城中還有小型房址和水井遺址。城外有居民區、墓地、鑄銅遺址及製陶製骨作坊址等。

小型墓的隨葬品以陶器為主，中型墓多數隨葬有青銅禮器、玉石器及象牙器，一座墓中有人殉。後人在南城外側還發現一段外郭城牆。

此外，還有兩處銅器窖藏，內有杜嶺方鼎及圓鼎、提梁卣、牛首尊等，被認為是商王宣的禮器。遺址中還有原始瓷器和刻辭卜骨等。

禮器：中國古代貴族在舉行祭祀、宴饗、征伐及喪葬等禮儀活動中使用的器物。用來表明使用者的身分、等級與權力。商周青銅禮器又泛稱彝器。禮器是在原始社會晚期隨著氏族貴族的出現而產生的。在龍山文化大墓中，出土有彩繪龍盤及鼉鼓，在良渚文化的一些大墓中，出土有玉琮、玉璧等。

在商城周圍，還有與商城同時期的鑄銅、製陶、製骨等作坊遺址四處、銅器窖藏兩處及一百多座中、小型墓葬。出土的遺物以陶器最多，青銅器、石器、骨器次之，並有蚌器、玉器、原始瓷器、印紋硬陶、白陶器、象牙器等。

而杜嶺銅器窖藏中出土的一件方鼎，高一公尺，重八六點四公斤，已成為鄭州市的象徵。這些古老的文物與古蹟，對於研究商代歷史和古代城市發展史都具有重要價值。

【閱讀連結】

中華人民共和國成立後，新鄭市政府以軒轅故里祠為中心，經過整修、擴建和改造，建成了黃帝故里景區。全區共分五個區域：中華姓氏廣場、軒轅故里祠前區、軒轅故里祠、拜祖廣場、軒轅丘與黃帝紀念館區。

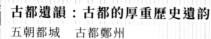
　　其中，中華姓氏廣場占地一點七萬平方公尺，在廣場的中心，有一座中華第一鼎，名為黃帝寶鼎。此鼎高六點九九公尺，鼎口直徑四點七公尺，腹深二點八公尺，耳高一點五公尺，足高二點八公尺，重二四噸。鼎足為熊足，取意軒轅黃帝系有熊氏。鼎腹飾九龍，造型莊嚴、凝重、大氣，被譽為「天下第一鼎」。

　　軒轅故里祠前區，由南向北依次為漢代石闕、日晷、指南車、四柱石坊、軒轅橋與姬水河、「軒轅黃帝之碑」。

　　日晷：本義是指太陽的影子。現代的「日晷」指的是中國古代利用日影測得時刻的一種計時儀器，又稱「日規」。其原理就是利用太陽的投影方向來測定並劃分時刻，通常由晷針和晷面組成。按晷面放置的方向，可分為赤道、地平、豎立、斜立等型式。

▌春秋時期的鄭韓故城遺址

　　公元前七六五年，鄭武公將都城遷往溱洧，即河南鄭州隸屬的新鄭一帶。此後，鄭國一直以該地為都，鄭武公給該地取名新鄭。公元前三七五年，韓國滅掉鄭國遷都新鄭。

■秦始皇 嬴政

公元前二三〇年，秦王嬴政派內史騰率軍南下渡過黃河，突襲新鄭，韓國滅亡。新鄭作為鄭國和韓國國都達五百年之久，為此，在現存的新鄭市區周圍，還保留著當時古都的建都遺址──鄭韓故城遺址。

鄭韓故城是目前世界上、在同一時期保存最完整、城牆最高、面積最大的古城。

古城是依據雙洎河和黃水河兩岸附近的地勢建成的，周長約三十八公里。中部有一道南北向的隔牆，這道隔牆也就是一條分界線，將故城分為西城和東城。其中，西城也稱「主城」或「內城」，東城也稱「外城」或「外廓城」。

■鄭韓故城

　　其中，西城內分布有韓國宮城和宮殿區、繰絲作坊遺址。東城內分布有鄭國宮廟遺址、祭祀遺址、鑄銅遺址和韓國鑄鐵、製骨、製玉、製陶等多處遺址。

　　除了西城的南牆和西牆外，其餘部分大都可以找到城牆或牆基痕跡。所有城牆全是用黃土或紅黏土分層夯築而成，夯層厚度一般為零點一公尺左右，但也有厚達零點一二至零點一九公尺的。從每層夯面觀察，當時使用的是圓形平底夯，夯窩口徑五十到六十公分，城牆一般都夯築得比較堅固。

　　在鄭韓故城西城中部，今花園村西一帶，還有一座規模較小的城址，略呈長方形，東西長約五百公尺，南北寬約三百二十公尺，城牆牆基寬約十至十三公尺。全部掩埋在地面以下，深約零點三至一公尺，也是分層夯築而成。

　　在西城內的西北部，今閣老墳村西，還有一個高出地面約八公尺的夯土台基，《新鄭縣志》稱為梳洗台，群眾稱它為梳妝台。

　　台基底部南北長約一百三十五公尺，東西殘寬約八十餘公尺，台上發現三眼水井和埋入地下的陶排水管道。

在閣老墳村北，還有一處地下建築遺存，人們一般都把它稱為「地下室」。它是從地面向下挖成的一座口部略大於底部的長方形建築，口部南北長約八點九公尺，東西寬約二點九公尺，四壁全是用土夯築起來的，它的東南角挖築一條寬約零點五六至一點一五公尺的台階式走道，這是出入地下室的唯一通道。

室內底部偏東側，還有一處南北成行的五眼井，這五眼井全是用陶製井圈逐層疊築而成，井圈直徑一般為零點七六至零點九八公尺，井的間距為零點三至零點六五公尺，井的深度為一點七六至二點四六公尺，均在地下水位以上。

在地下室和五眼井的填土中，包含有大量的豬、牛、羊、雞等動物的骨骼，約占其所含遺物總數的三分之一左右。

為此，人們推斷，這座地下建築是為了滿足統治階級的需要，而建造的一所儲藏食品的大型窖穴。

根據地層關係和出土遺物來看，「梳妝台」的建造使用時間，經歷春秋、戰國兩個歷史階段，地下室是戰國時期的建築遺存。

春秋：中國歷史階段之一。關於這一時期，一般有兩種說法：一種說法認為是公元前七七〇年至公元前四七六年；另一種說法認為是公元前七七〇年至公元前四〇三年。孔子曾經編了一部《春秋》，書中記載的時間跨度與春秋時代大體相當，所以後人就將這一歷史階段稱為春秋時期，基本上是東周的前半期。

　　在鄭韓故城東城內，還有好幾處手工業作坊遺址。主要有小昊樓村北的春秋戰國時期鑄銅器作坊遺址，張龍莊村南的春秋戰國時期製作骨器的作坊遺址，倉城村北的戰國時期鑄鐵器作坊遺址等。

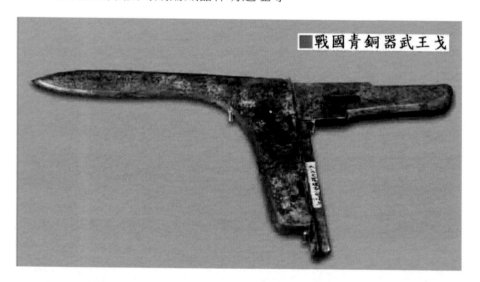
■戰國青銅器武王戈

　　此外，在白廟范村北還有一個戰國兵器坑，裡面有戈、爪、劍等銅兵器一八十多件，其中不少都帶銘文。這些文物為研究中國古代的製陶、製玉作坊提供重要的歷史線索。

　　另外，在鄭韓故城內外，還有幾處春秋戰國時期的墓地，這些古老的歷史遺蹟，為研究中國春秋戰國時期鄭國和韓國的歷史文化提供重要的實物資料。

【閱讀連結】

　　鄭韓故城遺址發現於公元一九二三年，當時，最先發現的新鄭李家樓鄭伯墓。公元一九六一年，此地被中國國務院公布為第一批全國重點文物保護單位。公元一九六四年河南省文化局文物工作隊在新鄭設立工作站，開始了長期不斷的考古勘探與發掘。

　　首先，考古學者發現鄭城的地理位置，以及鄭韓兩國的宮殿基址。

　　公元一九八四年至一九八八年間，考古學者又在東城，今新鄭市政府以北，發現春秋時期密集的大型建築群。公元一九九三年，又在東城中部偏南側的金城路發現鄭國多座禮樂器坑和殉馬坑。

　　一九九六公元年至一九九八公元年，又在鄭韓故城東城鄭國祭祀遺址東南部的一些春秋坑井中，發現了手工業作坊遺址。

從南北朝寺廟至北宋鞏縣八陵

　　魏晉南北朝時期，佛教和道教興盛。鄭州由於距離洛陽比較近，加之中嶽嵩山雄偉的氣勢、優美的環境，受到上自帝王下至普通僧尼的青睞，紛紛在這裡建寺立廟，使鄭州地區成了佛道文化的聖地。

鄭州地區著名的少林寺、嵩岳寺、永泰寺、鞏義石窟寺和中嶽廟等都在這一時期建立。

■登封嵩岳寺

　　古代印度高僧達摩雲遊至嵩山少林寺面壁九年，傳衣鉢於和尚慧可。此後，達摩被人尊為中國禪宗初祖，少林寺的禪宗祖庭地位也由此確立。

　　禪宗：佛教分為九乘佛法，禪宗是教外別傳的第十乘。禪宗又名佛心宗攝持一切乘。漢傳佛教宗派之一，始於菩提達摩，盛於六祖惠能，中晚唐之後成為漢傳佛教的主流，也是漢傳佛教最主要的象徵之一。其核心思想為：不立文字，教外別傳。直指人心，見性成佛。

　　少林寺位於河南省鄭州市登封嵩山五乳峰下，是少林武術的發源地。由於坐落在嵩山的腹地少室山下的茂密叢林中，所以取名「少林寺」，寺內有少林寺院、塔林、達摩洞、初祖庵等景點，更擁有傳承千公元年的少林「禪、武、醫」文化。少林寺因少林功夫而名揚天下，號稱「天下第一名剎」。

　　嵩岳寺，又名大塔寺，位於在鄭州市登封西北的太室山南麓，早先是北魏皇室的一座離宮，後改建為佛寺。此寺的建造年代在公元五〇八年至五二〇年之間，最少也有一千四百五十多年的歷史。

嵩岳寺背依太室諸峰，群山環抱，林泉秀美，曲盡山居之妙，是為勝景之地。特別是嵩岳寺塔是中國現存最早的密檐式磚塔，塔高約四十五公尺，馳名中外。

密檐式：密檐式塔，是中國佛塔主要類型之一，是一種由樓閣式塔演變而來的新式佛塔，多是磚石結構。密檐式塔始於東漢或南北朝時期，盛於隋、唐，成熟於遼、金，它是由樓閣式的木塔向磚石結構發展時演變而來的。密檐式塔是唐代和遼代塔的主要類型，多為四角形、六角形和八角形。

嵩山永泰寺

永泰寺，位於河南省鄭州市登封西北的太室山西麓，坐東朝西，面對少林寺，背依氣勢巍巍的望都峰，北臨秀麗多姿的子晉峰，南有知崖萬壑的少室山和碧波蕩漾的少林水庫。

永泰寺是佛教禪宗傳入中原後營建的第一座女僧寺院，還是中國現存始建年代最早的尼僧佛寺。

中嶽廟即指嵩山中嶽廟，位於河南嵩山南麓的太室山腳下，距河南省登封市城東四公里。它背倚黃蓋峰，面對玉案山，西有望朝嶺，東有牧子崗，群山環抱，布局謹嚴，規模宏偉，紅牆黃瓦，金碧輝煌。

中嶽廟總面積十一萬平方公尺，為中州祠宇之冠，也是五嶽中現存規模最大、保存較完整的古建築群，也是河南省規模最巨、最完整的古代建築群。如此宏大而又幽雅莊嚴的廟宇在全國也是罕見的，此為華夏文明聖地。

公元九六〇年，趙匡胤建立宋朝，定都開封。之後，鄭州於公元一一〇五年被建為西輔，屬京西北路，升奉寧軍，地位高於府、州，下轄管城、滎澤、原武、新鄭和滎陽。在宋朝統治鄭州期間，宋代的皇帝們認為鄭州的鞏縣，北依嵩山，南臨洛水，形勢險要，是「王氣」和「龍脈」的所在地。

為此，北宋的九個皇帝，除了宋徽宗和宋欽宗兩位皇外，其餘七個皇帝及宋太祖趙匡胤的父親趙弘殷都葬在鞏縣。通稱七帝八陵，也稱「北宋八陵」或「鞏縣八陵」，再加上后妃和宗室親王和王孫及功臣名將等共有陵墓近千座。

趙弘殷：宋宣祖，北宋開國君主宋太祖趙匡胤的父親。少驍勇善戰，初事後唐鎔，有功，留典禁軍，遷護聖都指揮使。入後周，以功累遷至檢校司徒，封天水縣男，與子匡胤分典禁兵。宋初追尊武昭皇帝，廟號宣祖。

北宋皇陵群從公元九六三年開始營建，前後經營達一百六十多年，形成一個規模龐大、氣勢雄偉的皇家陵墓群。各陵園都由上宮、宮城、地宮和下宮四部分組成，圍繞陵園還建築有寺院、廟宇和行宮等。陵台植有松柏，橫豎成行，四季常青。

■鞏縣八陵的永昭陵石像

　　這八座陵墓包括：宋宣祖的永安陵、宋太祖的永昌陵、宋太宗的永熙陵、宋真宗的永定陵、宋仁宗的永昭陵、宋英宗的永厚陵、宋神宗的永裕陵和宋哲宗的永泰陵。

　　其中，宋太祖趙匡胤的永昌陵不像唐代那樣以峰為陵，而是人工築墳。

　　整個陵園，統稱「兆域」。

　　裡面的石刻主要分布在上宮的神道兩側，它對稱排列，造型有武將、文臣、客使，以及羊、馬等動物。刀法洗練，線條簡明，形象逼真生動，有濃厚的晚唐遺風。

　　宋太宗趙炅的永熙陵是八陵中最宏偉的一座，陵址在西村，距縣城約五公里。永熙陵的石刻氣勢非凡，雄偉壯觀。

　　人物形象氣宇軒昂，較為高大，暗示對宋太宗豐功偉績的讚頌，以及北宋初年社會快速發展的景象。其中的石羊昂首靜臥，形象優美，是不可多得的精品。

宋真宗趙恆的永定陵在芝田。現存的地面雕刻造像是宋陵中保存最完整的一個。該陵石像造型碩大，象座四圍刻的牡丹纏枝花紋是宋陵中所獨有的紋樣。永定陵神道上的石獅子，是古代動物雕塑的優秀作品之一。

石獅子：就是用石頭雕刻出來的獅子，是在中國傳統建築中經常使用的一種裝飾物。在中國的宮殿、寺廟、佛塔、橋梁、府邸、園林、陵墓以及印鈕上都會看到它。但是更多的時候，「石獅」是專門指放在大門左右兩側的一對獅子。

宋仁宗的永昭陵內石刻較之以往筆法細膩，比例協調適度。因宋代對外實行結盟政策，使得外來使節頻繁入宋，在石刻上也有所反映，永昭陵的客使形象，體質厚重，輪廓線條簡練明確，刻畫入微，達到形神兼備的藝術效果。

永厚陵的石刻和永昭陵的藝術風格相似。永裕陵的石刻藝術表現手法較為寫實，生活氣息濃厚。

這些陵墓堪稱為露天藝術博物館，是研究宋代典章制度和石刻藝術的珍貴實物資料。

【閱讀連結】

據說，北宋皇帝趙匡胤自選陵墓還有這樣一個傳說：

趙匡胤非常想遷都洛陽，但被他的弟弟趙光義和群臣阻攔，心中非常悲苦。當他從洛陽回開封經過鞏義時，他祭奠埋在這裡的父親，更加悲從中來。

於是，他登上闕台，面向西方，要來彎弓，對臣下說：「我生不能居西京，死當葬此地！」

說完，他便彎弓搭箭，響箭向西北飛馳而去，箭落的地方就是後來宋太祖趙匡胤的永昌陵。

從元代觀星台到明初的城隍廟

金代至元代時期，鄭州的土地大量荒蕪，經濟發展基本處於停滯狀態，唯有天文學取得了一定成就。天文學家郭守敬和王恂主持，在全國設立二十七個天文觀測台，鄭州登封的觀測台則是全國觀測中心。

王恂：元代數學家、文學家。王恂任太史令期間，分掌天文觀測和推算方面的工作。他在《授時曆》時的貢獻與郭守敬齊名。王恂死後，他創造的曆律計算法由郭守敬等人整理成《推步》七卷、《立成》二卷、《曆議擬稿》三卷、《轉神選擇》二卷、《上中下註釋》十二卷留傳後世。

這座觀測台又名觀星台，位於登封市城東南七點五公里的告成鎮周公廟內，距周公測景台二十公尺，是中國現存最古老的天文台，世界上著名的天文科學建築物。

觀星台由台身與石圭、表槽組成。台身上小下大，形似覆斗。台面呈方形，用水磨磚砌造。台高九點四六公尺，連台頂小屋通高十二點六二公尺。台下邊寬十六公尺多，上邊約為下邊之半。

■郭守敬（公元一二三一年至一三一六年），字若思，河北人。元朝的天文學家、數學家、水利專家和儀器製造專家。郭守敬曾擔任都水監。公元一二七六年郭守敬修訂新曆法《授時曆》。《授時曆》是當時世界上最先進的一種曆法。

■郭守敬觀星台

　　在台身北面，有兩個對稱的出入口，築有磚石踏道和梯欄。台頂各邊有明顯收縮，併砌有女兒牆，台頂兩端小屋中間，由台底到台頂，有凹槽的「高表」。在凹槽正北是三六塊青石平鋪，俗稱量天尺的「石圭」。石圭通長三十一公尺。

　　在觀星台內，還有一「測景台」，據說，它是中國古代周文王的第四個兒子姬旦修建，是古代祖先測量日影，驗證四時的儀器。周在滅商之後，建立了周王朝，俗話說「得中原者得天下」，周王朝因此要在中原建都，也就是現在的洛陽。為了政治統治的需要，也為了尋求營建東都洛陽的準確天文依據，周公姬旦才修建「測景台」。

　　觀星台建於元朝初年，距今已有七百年的歷史，對於研究中國天文史和建築史都具有極高的價值。在觀星台上，還有各種天文儀器，包括沈括浮漏、正方案、仰儀、景符和日晷等。除了測量日影的功能之外，當年的觀星台上可能還有觀測星象等設施。

■郭守敬紀念館

　　在元末明初時，隨著回族人口進入鄭州，他們所信仰的伊斯蘭教也隨之帶入鄭州，而且在鄭州的北大衛興建了鄭州清真寺，又名北大清真寺。這是中國伊斯蘭教在鄭州建造最早、規模最大的清真寺。

　　伊斯蘭教：世界性宗教之一，與佛教、基督教並稱為世界三大宗教。七世紀初興起於阿拉伯半島，其使者為先知穆罕默德。「信奉伊斯蘭教的人稱為穆斯林，意為順從者。伊斯蘭教主要傳播於西亞、北非、西非、中亞、南亞、東南亞等，第二次世界大戰後，在西歐、北美、非洲以至澳洲等地區迅速傳播。

　　鄭州清真寺位於北大街一百二十八號，占地約一萬一千多平方公尺，為兩進院對稱，是中國的傳統宮殿式建築。主要由大門、望月樓、大殿、南北講堂、浴室和殯儀館組成。

　　其中，望月樓大殿也稱禮拜殿，是清真寺的主體建築，高約十公尺，面闊五間，進深四間，有卷棚、前殿、後殿和廡殿式後窯。

望月樓又名喚醒樓，為伊斯蘭教寺院中特有的建築，是阿訇觀月和齋戒之用。望月樓小巧玲瓏，造型、結構藝術等皆為此寺之精華，其兩側各有硬山單披式掖門。

禮拜殿前兩側是講堂和硬山單披式掖門，並有陪房、沐浴室等。鄭州清真寺殿宇前後相連，組合一處，稱為勾連搭式，可容納五百多人同時做禮拜。

隨著這座清真寺的建立，到了明朝初年，在鄭州城內，又建成著名的城隍廟。

鄭州城隍廟全稱鄭州城隍靈佑侯廟，又名紀信廟，該廟始建於何時，文獻缺乏確切記載，現存建築建於公元一五〇一年。

整個廟宇坐北面南，山門、前殿、戲樓、大殿、寢宮和東西廊廡等建築，沿中軸線依次排列，層次分明，布局結構合理。而且都是琉璃瓦覆蓋，卷棚出廈，飛檐四出，造型精緻，結構緊湊。

■鄭州城隍廟戲台

　　整個建築紅磚綠瓦，畫梁雕棟，既凝重端莊，又古樸典雅，是鄭州市絕無僅有的明清建築精品。其中，廟內歇山式雙層戲樓，堪稱鄭州之最。戲樓高達十五公尺，歇山式雙層建築，正脊浮雕數條游龍，有鳳凰在上下飛舞，有荷花、獅子在左右陪襯，異常生動。

■鄭州文廟

　　大殿正脊兩端雕有吞脊吻獸，兩側刻滾龍數條，裝飾有鳳凰、牡丹。殿上刻有八仙過海及蒼松翠柏、人物鳥獸，構圖和諧精緻，左右對稱，絕妙異常。殿內還專門供奉漢高祖劉邦麾下的大將紀信。

　　每年廟會時節，台上古樂喧天，絲弦陣陣，台下遊人如痴如醉。加之雜耍、民間工藝品，各種名優小吃繽紛上市，更給城隍廟平添不少光彩。

　　在鄭州城內，除了北大清真寺和城隍廟以外，還有著名的文廟、孔氏家廟、關帝廟和晉王廟等。

　　其中，鄭州文廟始建於東漢明帝永平公元年間，共有殿宇廊亭兩百多間，占地約五萬平方公尺，東西各有一座過街牌坊。

公元一七三八年曾經大規模修建，公元一八七六年遭火焚，建築毀廢殆盡。以後雖又修復，規模已遠不如前，後來僅存有大成殿和戟門兩座古建築及幾間小廂房。

大成殿坐北朝南，殿宇雄偉高大、莊嚴肅穆。它的建築形式為古代「歇山式」建築，其殿頂構造複雜，工藝精湛，堪稱一絕。

大殿最高處稱「脊」，脊的兩端各有兩公尺高的龍頭形構件，稱為「吻」，其意龍司降雨，是防火的標誌。脊的正中央聳立雙層樓閣，上塑麒麟、大象等祥瑞飾物。

麒麟：亦作「騏麟」，簡稱「麟」，外形象鹿，頭上獨角，全身有鱗甲，尾像牛尾。是中國古籍中記載的一種動物，與鳳、龜、龍共稱為「四靈」，是神的坐騎，古人把麒麟當作仁獸、瑞獸。雄性稱麒，雌性稱麟。麒麟是吉祥神獸，主太平、長壽。

脊面上塑有「二龍戲珠」、「蜘蛛盤絲」、「鳳凰牡丹」等吉祥圖案，造型優美，生動傳神。

大殿頂面覆蓋綠色琉璃瓦，與脊飾光彩交映。大殿的東、西側面是「兩山」，兩山的「博風」上，有玉皇大帝、如來說法、八仙過海、戲曲人物等圖案，構圖精美、製作細緻。

八仙過海：八仙是指漢鐘離、張果老、韓湘子、鐵拐李、呂洞賓、曹國舅、藍采和和何仙姑。八仙過海是指這八位仙人過海時不用舟船，各有一套法術渡過大海。因此，在中國民間有「八仙過海，各顯神通」的諺語，用它來比喻各自有一套辦法，或各自施展本領。

殿檐下面是令人眼花繚亂的「五踩重昂斗栱」，木工結構複雜，彩繪繁縟，顯示古代工匠高超的工藝水平。

斗栱：中國建築特有的一種結構。在立柱和橫梁交接處，從柱頂上的一層層探出成弓形的承重結構叫拱，拱與拱之間墊的方形木塊叫斗。兩者合稱斗栱。斗栱也被作為中國建築學會的會徽。

殿宇內梁架橡檁上的木雕、彩繪更是構思精妙讓人嘆為觀止。

鄭州作為一座文化古城，境內的文物資源眾多，有古城、古文化、古墓葬、古建築、古關隘和古戰場在內的遺址遺蹟達一萬多處。

其中，天地之中歷史建築群是世界文化遺產，包括最早的天文建築觀星台、最大的道教建築群中嶽廟、東漢三闕、會善寺、宋代四大書院之一的嵩陽書院、嵩岳寺塔和嵩山少林寺建築群，等等。

■康百萬莊園

■杜甫（公元七一二年至七七〇年），字子美，自號少陵野老，世稱「杜工部」、「杜老」、「杜少陵」等。盛唐時期偉大的現實主義詩人。保留下來的詩有一四百多首，備受推崇。杜甫被世人尊為「詩聖」，其詩被稱為「詩史」。

這些古蹟中，康百萬莊園位於河南省鄭州市下轄鞏義康店鎮，是康氏家族先祖康紹敬建造的府邸；鄭州郭家大院近鄰鄭州商城遺址南城牆，是「鄭州最後的四合院」；杜甫故里位於鞏義市西北的康店鎮康店村西部邙嶺上，是中國唐代詩人杜甫的出生地和墓地。

【閱讀連結】

作為古老的歷史文化名城之一，鄭州不僅有以文物古蹟為主的旅遊文化，它還擁有飲食文化、戲曲文化等多方面。

其中，鄭州麵食名吃有合記羊肉燴麵、蕭記三鮮燴麵、楊記牛肉拉麵、蔡記蒸餃、葛記燜餅等。鄭州人以麵食為主，有蒸饅頭、攤煎餅、油炸的菜角。鄭州號稱「燴麵之城」，燴麵館遍布大街小巷。豫菜是鄭州頗具地方特色的菜系，如「鯉魚焙麵」、「桶子雞」、「套四寶」是當地的豫菜代表。

同時，河南是戲曲大省。除了傳統的豫劇、曲劇和越調三大劇種外，還有十多個地方劇種，幾百年來戲曲一直都是鄭州城鄉居民生活的一部分。

七朝都城　古都安陽

安陽位於河南省最北部，地處南北交通要衝，東接齊魯，西倚太行，北瀕幽燕，南望中原，西部為山區，東部為平原。

安陽作為七朝古都，具有深厚的歷史文化積澱。據考古發現，早在二點五萬年前的舊石器時代晚期，人類就在安陽留下活動的遺蹟，創造了著名的「小南海文化」。

自商王盤庚率領部族遷徙安陽，相繼有三國時的曹魏，十六國時期的後趙、冉魏、前燕，北朝時期的東魏、北齊等在此建都。

▎武丁為紀念亡妻建成婦好墓

相傳，在四五百年前，顓頊帝和帝嚳帝在安陽境內建都。他們前承炎黃，後啟堯舜，奠定華夏文明的根基。他們都是賢明的帝王，被後世尊為華夏人文始祖。歷史上確定安陽建都的最早文字記載，據商都殷墟甲骨文考古發掘證實為中國商代時期。

■婦好墓遺址

在公元前一三〇〇年，商王盤庚率領臣民從山東奄，即今山東曲阜，遷都於殷，即今安陽市區小屯村，安陽遂為殷商國都。

安陽古都內現存的商都殷墟位於安陽市西北處，面積約三十平方公里，整個殷墟區大致分為宮殿區、王陵區、一般墓葬區、手工業作坊區、平民居住區和奴隸居住區，是中國第一個有文獻記載，並為甲骨文和考古發掘所證實的商代都城遺址。

　　從殷墟的規模、面積和宮殿的宏偉，出土文物的質量之精、之美、之奇、數量之巨，都可以充分證明它當時不僅是全國，而且是東方政治、經濟和文化中心。商滅亡後，這裡逐漸淪為廢墟。

■甲骨文

作為商代晚期的國都，殷墟依託洹河，地理位置優越，形成以宮殿宗廟區為中心的環形、分層、放射狀分布的總體規劃形式，體現出一個高度繁榮都城的宏大氣派。

瀕河而建的殷墟宮殿建築以土木為主要建築材料，形制多樣，對中國古代的宮殿宗廟建築產生重要的影響。以宗族為單位的民居，成片分布，並鋪設陶制排水管道。其聚族而居、聚族而葬的形式，一直延續至今。

十二座王陵大墓和數量驚人的人殉、祭拜用品，則組成中國目前已知最早的、最完整的王陵墓葬群，代表中國古代早期王陵建設的最高水準。

人殉：用活人為死去的氏族首領、家長、奴隸主或封建主殉葬。人殉出現於原始社會末期，盛行於奴隸制時代。殉葬者多是死者的近親、近臣和近侍，以及戰爭中的俘虜等。在階級出現的時代裡，人殉成為一種廣泛流行的古代喪葬儀式。

除了古老的商都殷墟之外，中國後人還在安陽所轄內黃縣城東南三十公里處，發現古人為了紀念高陽氏顓頊和高辛氏帝嚳而修建的兩座皇陵，稱為二帝陵，又稱高王廟。距今約有四五百年的歷史。

二帝陵始建年代不詳。它坐北面南，占地三百五十多平方公尺。沿著主軸線有御橋、山門、祭拜殿和陵塚等建築。

■二帝陵遺址

　　由於被清代一場鋪天蓋地的沙塵暴所掩埋，東側的建築群至今未能全部清理出來。墓塚位於鮒鰅山之陽，東為顓頊陵，西為帝嚳陵。

　　二帝陵的圍牆東西長一百六十多公尺，南北寬六十六公尺，陵墓至大殿有三條甬道，甬道為磚石所砌。大殿在半山腰，殿內有歷代碑刻四十多通，院內共有元、明、清歷代御祭碑碣一百六十五通，其中一通是元代重修記事碑。從山上走下，山門右側有一眼宋代磚井，至今井水甘甜可口。站此遠眺，可見御橋。

　　公元前一二五〇年，殷商的第二十二任皇帝武丁登基。武丁即王位後，提拔傅說執政。傅說原為刑徒，被武丁發現，加以重用。武丁還任用甘盤為大臣，以此二人「接天下之政，治天下之民」，力求鞏固統治，增強國力，使商王朝得以大治。

武丁：姓子，名昭，是中國商朝時期第二十三位國王，著名軍事統帥。他是商王盤庚的侄子，父親是商王小乙。廟號為高宗。他在位時，攻打鬼方，任用賢臣傅說為相，妻子婦好為將軍，商朝再度強盛，史稱「武丁中興」。

在武丁的統治下，商王朝的經濟推向極盛，他也因此被稱作「中興之王」，後人又稱他為武丁大帝。

這位武丁之所以在統治期間，取得了很好的政績，一方面源於他會用人，另一方面還源於他有一個好妻子。

商王武丁的妻子名叫婦好，她是中國歷史上第一位有據可查的女將軍。她的名字叫「好」，「婦」則是一種親屬稱謂，而她的另一個稱號是「母辛」。

當年，武丁透過一連串的戰爭將商朝的版圖擴大了數倍，而為武丁帶兵東征西討的大將就是他的王后婦好。

婦好死後，武丁不循皇家禮俗，厚葬婦好於宮殿之側。為祭祀婦好，武丁又在其墓地上建造宗廟，甲骨卜辭稱其為「母辛宗」的享堂。

這座為婦好興建的陵墓保存至今，後人稱它為「婦好墓」。該墓地位於河南省安陽市境內，是中國現存唯一能與甲骨文相印證，而確定其年代與墓主身分的商王室墓葬。

整座墓地為長方形豎穴，南北長五點六公尺，東西寬四公尺，深八公尺。墓室上部有一與墓口大小相似的夯土房基，是用於祭祀的建築。

墓內有二層台和腰坑，東、西兩壁各有一個長條形壁龕。葬具為木槨和木棺，槨長五公尺，寬三點四至三點六公尺，高一點三公尺。槨室在潛水面下，大部塌毀，棺木也已腐朽，從殘跡可知曾多次髹漆，其上還附有一層麻布和一層薄絹。

■婦商王武丁妻子婦好塑像

　　鼎：古代烹煮用的器物，一般是三足兩耳。一般來說鼎有三足的圓鼎和四足的方鼎兩類，又可分有蓋的和無蓋的兩種。鼎是最重要青銅器物種之一，是用來烹煮肉和盛儲肉類的器具。三代及秦漢延續兩千多年，鼎一直是最常見和最神祕的禮器。

　　墓室有殉葬者十六人，其中四人在槨頂上部的填土中，二人在東壁龕中，一人在西壁龕中，一人在腰坑中，八人在槨內棺外。另外還殉狗六隻，一隻在腰坑中，餘均埋在槨頂上部。

　　婦好墓雖然墓室不大，但保存完好，隨葬品極為豐富。有不同質料的隨葬品一千九百二十八件，有青銅器、玉器，寶石器、象牙器、骨器、蚌器等。

　　其中，最能體現殷墟文化發展水平的是青銅器和玉器。青銅器共四百六十八件，以禮器和武器為主，禮器類別較全，有炊器、食器、酒器、水器等，多成對或成組。婦好銘文的鴞尊、盉、小方鼎各一對，成組的如圓鼎十二件，每組六件，銅斗八件，每組四件。司母辛銘文的有大方鼎、四足觥各一對。其他銘文的，有成對的方壺、方尊、圓罍等，且多配有十觚、十爵。

■婦好墓入口

　　這些青銅器中，刻有銘文的銅禮器有一百九十件，其中鑄「婦好」銘文的共一百零九件，佔有銘文銅器的半數以上，且多大型重器和造型新穎別緻的器物。

　　銘文：銅器研究中的術語。本指古人在青銅禮器上加鑄銘文，以記鑄造該器的原由、所紀念或祭祀的人物等。後來泛指在各類器物上特意留下的記錄該器物製作的時間、地點、工匠姓名、作坊名稱等的文字。

■婦好墓中的鼎

此外，還有貝六千八百餘枚和海螺兩枚，分別放在棺槨內和填土中。填土中有陶爵、石磬、象牙杯、玉臼、石牛、骨笄、箭鏃等。槨內放置大量青銅禮器，棺內則主要放置玉器、貝等飾物。

這些精美絕倫的隨葬品，反映商代高度發達的手工業製造水準，為中國後人研究古老的殷商文化提供重要依據。

【閱讀連結】

關於婦好和她的陵墓，以及武丁的故事，人們都是從婦好墓中挖掘出來的甲骨文而得知的。但是由於這些甲骨文的年代不同，為此，關於婦好墓中的主人和墓葬年代的問題，主要有兩種意見：

一種認為墓主人婦好是第一期甲骨卜辭中所稱的「婦好」，即武丁的配偶，廟號稱「辛」，乙、辛周祭祀譜中稱為「妣辛」，死於武丁晚期。

另一種認為，墓主人婦好是三四期甲骨卜辭中的「婦好」，即商朝的第二十七位皇帝康丁的配偶「姓辛」。

紂王命人修建首座國家監獄

商代末期，商朝的最後一位帝王紂王為鞏固自己的統治，在安陽湯陰縣城北的羑里城，建造世界最早的國家監獄羑里城。

這時，商朝西陲的一個諸侯國領袖周文王姬昌因廣施仁德，禮賢下士，發展生產，深得人民的擁戴。這件事被商紂王聽說後，他非常地不高興，便將周文王囚禁在羑里城。

■姬昌（公元前一一五二年至公元前一○五六年），周文王，即殷商西伯，又稱周侯，周季歷的兒子，姬姓，名昌。先秦時期貴族有姓有氏，男子稱氏、女子稱姓。故周文王雖姬姓，卻不叫姬昌。姬昌一說在東漢時期成型。傳說他在羑里根據伏羲氏的研究成果繼續演繹易經八卦。

周文王被囚後，在羑里城潛心治學，將伏羲的先天八卦推演成六十四卦並系以卦爻辭，提出「剛柔相對，變在其中」的樸素辯證法觀點，完成《周易》這部千古不朽的著作。

　　六十四卦：《周易》裡的「六十四卦」，圖像上是由兩個八卦上下組合而成。按照一定的規律演化。在陰陽的變化中，闡述哲學思想。對中國傳統文化，具有相當程度的影響。

　　《周易》以占筮的形式推測自然和社會的變化，內容幾乎涵蓋人類社會的全部內容，被譽為「群經之首」。羑里城由此成為風靡全球的周易發祥地，以其博大精深的文化內涵而名揚海內外。

■周文王陵

後來，人們為了紀念周文王，就在他曾經被囚的羑里城上建起文王廟。文王廟坐北朝南，主要建築有演繹坊、山門、大殿、拜殿、演繹台、洗心亭、玩占亭、吐兒塚，還有御碑、文王易碑和岣嶁碑等。這羑里城和文王廟一直保存至今，位於河南安陽市湯陰縣地區。

羑里城遺址，是一片高出地面三公尺多的土台，南北長一百零五公尺，東西寬一百零三公尺，面積達萬餘平方公尺。台上有文王廟，坐北向南，古柏蒼翠。

現存建築有演易坊、山門、周文王演易台、古殿基址，還有《周文王羑里城》、《禹碑》、《文王易》等碑刻十餘通，這對中國研究《周易》和歷史、書法，具有重要的史料價值。

文王廟建在羑里城遺址之上，坐北朝南，現存建築是公元一五四二年重建。

在城台的南下端，建有青石牌坊一座，上鐫楷書大字「演易坊」。山門前兩側，各有碑石一通。西側巨碑上刻「周文王羑里城」六個如斗大字。東側方碑，則是著名的「禹碑」，又作《岣嶁碑》。上面寫著七十七字，其書法非符篆，又非繆篆，頗為奇特。

繆篆：漢代摹製印章用的一種篆書體。王莽六書之一。形體平方勻整，饒有隸意，而筆勢由小篆的圓勻婉轉演變為屈曲纏繞。具綢繆之義，故名。清代則將漢魏印採用的多體篆文統稱為「繆篆」，也稱「摹印篆」。

拾級而上，山門巍峨屹立。參天的古柏布滿廟院。院內西側便是演易台，相傳這裡是西伯姬昌被囚演易之所。上下兩層，均是三間，樓高十三公尺，建在一公尺多高的磚石台基上。門額上陽鐫「演易台」三字。

■文王坊

■周文王羑里城

　　林立在廟院中的碑刻，均是明清以來帝王、文武官員以及文人學士頌揚文王的詩、賦、篇章。其中最為引人矚目的是《文王易》碑，上鐫《周易》六十四卦及其釋卦辭文，是研究《周易》的重要實物資料。

　　此外，羑里城還是龍山至商周時期的文化遺址，依稀可見遠古時期人們居住、生活的情景。此遺址已被列為國家級重點文物保護單位。

【閱讀連結】

　　據說，周文王姬昌在羑里城裡被關了七年。後來，他的臣子閎夭等人為營救文王出獄，找來很多美女、寶馬、珠玉獻給紂王。

　　紂王見了非常高興地說：「僅此美女就足夠了，又何必獻出這麼多的寶物呢！」

　　於是便下令赦免了文王出獄，並賞給他弓、矢、斧、鉞，授權姬昌討伐商朝那些不聽命的諸侯。這就是中國歷史書中說的文王「羑里之厄」。

▍古都內外寺院和佛塔的興建

　　安陽地處中原，公元三六八年佛教傳入安陽後，在城西麻水村修建第一座寺院龍岩寺。後來，由於戰火，這座寺院已不復存在。

　　南北朝時期，東魏孝靜帝定都安陽城以北的鄴都城，並大興佛教，在東魏境內大建寺院。這時的安陽為鄴城的陪都，受東魏大興佛教的影響，安陽市西南二十五公里處的寶山山谷之中，修建了寶山寺。

■寶山寺

　　寶山寺又名靈泉寺，為東魏高僧道憑法師所創。寺院周圍八山環抱，狀若蓮台。後來，隋朝建立後，開國皇帝隋文帝楊堅不僅為寶山寺御題寺名「靈泉禪寺」，還詔請寺僧靈裕法師到長安，封靈泉寺為全國最高僧官「國統」，統管全國寺院僧尼。歷史上，靈泉寺號稱「河朔第一古剎」。

　　道憑：道憑法師，生於姓韓的貧苦農民家庭。十二歲因生活所迫，在其父親的帶領下，步行數十里到貴鄉縣邵寺削髮為僧，法號道憑。

■天寧寺古塔

不過，現在此寺早已被毀，寺內只剩精美的唐代九級石塔一對，隋獅一對，唐碑三通。寺院東西兩山計有石窟兩百四十七座，是中國現存規模最大、時代最早、延續時間最長的摩崖浮雕塔林。

從隋唐到五代，安陽佛教處於興盛時期，道教也有很大發展。到了隋朝，由於隋文帝從小是被尼姑養大，所以他當上皇帝後，命人在中原大地上大建寺院。在這一時期，安陽城內西北處修建了著名的寺院天寧寺。不過，這座天寧寺之所以成為安陽城的重要古蹟，源於在寺院旁邊的一座佛塔。

這座佛塔名為天寧寺塔，據說始建於五代十國的後周太祖郭威時期。此塔現在位於安陽市中心，坐落在一個高達兩公尺的磚砌台基上，塔高三十八點六公尺，周長四十公尺，平面為八角形。天寧寺塔七層蓮花座下依平台，托承塔身。

郭威：字文仲，小名「郭雀兒」，五代後周的建立者。郭威即位後，減輕賦稅，削減嚴刑峻法，任用賢臣，君臣合力，逐漸改革弊政，使北方地區的經濟，政治形勢趨向好轉。郭威在五代十國時期，是一個清廉勤政的皇帝。

塔頂為高十公尺的塔剎，寬敞的塔頂平台可容納兩百多人。其浮屠五級上有平台，下有圈門，每層周圍有小圓窗。塔身五層八面，層層出檐，頂大底小，形若傘狀。塔身底層的四正面有雕塑精緻的券門，門頂用磚雕刻有「二龍戲珠」。

券門：平時士兵守在城下，一旦有戰事發生，就要登城參加戰鬥，所以在城牆內側每隔不遠就建有一個圓拱形小門，稱作「通到城牆頂上。」

天寧寺塔為磚木結構，以磚砌為主，塔的最下層塔身較高，立於蓮花座之上。塔的八面壁上分別飾有直欞窗、券門和佛畫故事磚雕，其刻工細緻，形象逼真，造型動人。最下面的是塔基，塔基上是一個圓形蓮花座，蓮瓣共七層，上下交錯，左右舒展，上承塔身，下護塔基，把塔裝飾得更為美麗。

這種平台、蓮座、遼式塔身、藏式塔剎的形制，世所罕見。再加上塔身下部八根盤龍柱之間，極其精美的佛教故事浮雕，歷代名人登臨後都讚歎有加。

■天寧寺古塔

這便是始建於唐代德宗年間，素有中國「第一華塔」之稱的修定寺塔。

此塔位於安陽市西北約三十五公里清涼山東南麓，也稱為「唐塔」。因其門楣上鐫刻著三世佛，故又稱「三生寶塔」。因塔身表面為橘紅色，因此也叫做紅塔。

塔身呈正方形，通高約十六公尺。塔的四面裝有馬蹄形團花角柱，兩側加滾龍攀緣柱。上檐外挑，形成雨棚，凹腰葫蘆飾為頂蓋。其裝飾面積達三百多平方公尺，無一處空白，遠看其外貌如一頂坐北朝南華貴的方轎。這種佛、道的大融合體現唐代文化中外交融、兼收並蓄的特點，是中國古代塔中的珍品。

在這座佛塔的旁邊，還有因塔而命名的一座寺院修定寺。整個寺院布局坐北朝南，有三重院落，主要殿堂有：天王殿、大佛殿、二佛殿及鐵瓦殿，四座大殿排列得錯落有致。著名的修定寺塔就在天王殿與鐵瓦殿之間。

為此，後來，該塔成為安陽城的重要標誌。作為代表安陽古都文風的象徵，天靈寺塔又名為「文峰塔」。但是，這座文峰塔卻並不是安陽地區的第一座佛塔，那麼，第一座佛塔，又是哪一座呢？

唐塔

【閱讀連結】

　　關於安陽文峰塔的建造時間存在兩種說法。一種說法是《安陽縣志》上記載建於公元九五二年。另外一種說法認為文峰塔建於公元一〇六五年，這在明成化年間的《河南總志》中有述。那麼這兩種說法那一種更為確切呢？這要從塔開始說起。

　　漢明帝時佛教傳入洛陽，他死後，葬於西北的顯節陵，內建一印度式塔。這個時期的佛塔具有明顯的印度氏造型風格。

唐朝時，佛塔多不設基座，塔基本都是四邊形，而到了五代時期，塔已經過度到六邊形和八邊形了。

　　在南北朝時期，河南嵩山嵩岳寺塔是保存至今最早的一座磚塔。這座佛塔和文峰塔屬於同一風格。為此，人們認為，安陽的文峰塔建於後周太祖郭威時期的可信度更高一些。

▌南宋時為紀念岳飛建岳飛廟

　　時間推移到十二世紀初，公元一一〇三年的一天，在中國的安陽湯陰縣菜園鎮程崗村裡，出生了一位男孩。這位男孩後來成為湯陰人民的驕傲，他便是中國歷史上著名的抗金英雄岳飛。

　　岳飛，字鵬舉，從十六歲起開始從軍，三十二歲時當上節度使。先後出任太尉、宣撫使、樞密副使等職。在他任職期間，曾四次舉兵北伐，出師中原，收復鄭州、洛陽等失地，大破金兵於郾城。

　　公元一一四二年，岳飛被奸臣所害，最後含冤而死，後人為了紀念他，便在安陽湯陰縣城內建成一座廟宇，取名精忠廟，又名岳飛廟，也稱「宋岳忠武王廟」。

■岳飛（公元一一〇三年至公元一一四二年），字鵬舉，北宋人。中國歷史上著名的策略家、軍事家。岳飛在軍事方面的才能被譽為宋、遼、金、西夏時期最為傑出的軍事統帥，同時又是兩宋以來最年輕的建節封侯者、連結河朔之謀的締造者。

■宋岳忠武王廟

　　安陽湯陰縣內現存的岳飛廟是明景泰元年，即公元一四五○年重建。歷代曾多次修葺、增建，至今占地六千四百餘平方公尺，共有六進院落、殿宇建築一百多間。

　　岳飛廟坐北朝南，外廊呈長方形。臨街大門為有名的精忠坊。精忠坊使用六根木柱子，托起五架房頂。古建築學上有個說法，稱之為「三間六柱五樓不出頭」，實屬建築奇品。坊之正中陽鑴明孝宗朱佑樘賜額「宋岳忠武王廟」。

　　精忠坊兩側牆上書有「忠」、「孝」兩個大字，書寫者乃明代萬曆年間彰德府的推官張應登。過精忠坊為山門，坐北朝南，三開間式建築，兩側扇形壁鑲嵌有滾龍戲水浮雕，門前一對石獅分踞左右。

　　張應登：字玉車，四川省內江縣人，進士出身。公元一五八五年，就是明代萬曆十三公元年冬，他擔任彰德府推官兼林縣知事。張應登學識高，為官清正，執法嚴明，為百姓稱道。

山門檐下一排巨匾，上書「精忠報國」、「浩然正氣」、「廟食千秋」，是後世書法家的手筆。

■岳飛廟中的岳母刺字壁畫

山門對面為施全祠，內塑施全的銅像，施全是刺殺秦檜失敗後慘遭殺害的忠臣。前石階下是五具十分搶眼的鑄鐵跪像，他們就是當年殘害岳飛的奸臣秦檜及老婆王氏、張俊、王俊、万俟卨。在這五具跪像的後面，施全手舉寶劍，怒目圓瞪，鎮壓這些遭人唾棄的敗類們。

岳飛廟的建築很別緻。精忠坊面西，而廟裡主體建築是坐北朝南的。拾級而上，越過掛滿歷代名人書丹匾額的山門，就是一處碑林。這裡的規模雖不及西安的碑林，但是真、草、隸、篆書體皆備，其中還有乾隆、光緒、慈禧等人的墨跡。

岳飛廟的正殿面闊五間，進深三間，高十公尺，綠色琉璃瓦頂，整體建築巍峨莊嚴，氣勢恢弘。大殿門楣數塊巨匾「百戰神威」、「乃文乃武」、「忠靈未泯」、「乾坤正氣」。

乾坤：八卦中的兩爻，代表天地，衍生為陰陽、男女、國家等人生世界觀。乾：代表天，坤：代表地。古人以此研究天地、萬物、社會、生命和健康。

其中，「百戰神威」和「忠靈未泯」分別為清光緒皇帝和慈禧太后所題。正殿之內的岳飛塑像頭戴帥盔，金盔金甲，輕靴戰袍，手握寶劍，既有文官的氣質，又有武將的威嚴。上懸岳飛手書「還我河山」。

此外，岳飛廟裡還有幾間廂房，分別是供奉岳飛長子岳雲的岳雲祠；供奉岳飛次子、三子、四子、五子的四子祠；供奉岳飛孫子岳珂的岳珂祠；供奉岳飛女兒岳孝娥的孝娥祠；供奉岳飛部將張憲的張憲祠。

岳雲：岳飛的長子，中國歷史上少有的少年傑出英雄。他慷慨忠勇，頗有父風，在反抗金兵侵略戰鬥中屢立奇功，百戰百勝。於紹興十一年除夕和父親岳飛及部將張憲一起慘遭殺害，死時年僅二十三歲。

岳珂：南宋文學家。字肅之，號亦齋，晚號倦翁。岳飛的孫子，岳霖的兒子。公元一二一七年，出知嘉興。後為承議郎、江南東路轉運判官、軍器監、淮東總領。公元一二二七年，為戶部侍郎、淮東總領兼制置使。

其中最引人注目的當然是賢母祠。據說，岳飛二十四歲那年，金軍再次侵犯中原。岳家家境貧寒，又有妻室兒女，岳飛向母親提出要再次從軍。岳母深明大義，毅然擔起家庭的重擔，送兒子岳飛上戰場。臨行之時，這位偉大的母親親手在岳飛的背上刺下「盡忠報國」四個大字，激勵兒子為國盡忠。

岳母刺字的故事流傳數百年，教育與激勵了一代又一代中華兒女，為民族的自由解放而英勇獻身。

【閱讀連結】

在岳飛廟正殿前方的神道上，還有一座富麗堂皇的御碑亭，但是亭子裡卻不見有碑。那麼，這塊兒御碑是哪位皇帝御筆親題的？碑又到哪裡去了？

他就是風流天子乾隆。公元一七五十年秋，清高宗弘曆巡視嵩山，返京時路過湯陰岳飛廟，在拜謁岳飛後，由衷地寫下一首七言律詩加以讚頌。按理，碑亭不應建在神道正中，但皇權至上，所以破例。

後來，人們把乾隆詩碑移到山門外的東側。

▍清末兩廣巡撫建成馬氏莊園

清朝末年，中國兩廣巡撫馬丕瑤在自己的故鄉安陽西蔣村，修建一座漂亮的建築群作為自己的家園，這座建築群被人們稱為馬氏莊園。

這莊園的主人馬丕瑤是安陽縣西蔣村人，公元一八六二年進士。他為官三十多年，勤政務實，政績卓著，深受百姓愛戴和朝廷信賴。為此，百姓稱呼他為「馬青天」，光緒帝也褒獎他為「鞠躬盡瘁」、「百官楷模」。

■馬氏莊園養心堂

　　馬丕瑤為了光大自己的家族，命人在自己的家鄉修建馬氏莊園。

　　馬丕瑤：字玉山，清代廣東巡撫。公元一八六二年進士，歷任重要官職。他創建官書局，惠及讀書人而廣施教化。倡辦蠶桑，開設機坊。公元一八九四年任廣東巡撫，後因憂憤國事死於任上。

　　這座莊園建於公元一八八五年，前後營建了五十多年，建成後，占地面積為兩萬多平方公尺，建築面積達五千多平方公尺，被譽為「中原第一宅」。

　　此莊園建築共計六組，每組分四個庭院，共建九扇大門，俗稱「九門相照」。有門、廳、堂、廊、室、樓，共三百零八間。

　　整座建築群分南、中、北三個區六路，共計二十一處院落。南區一路，坐南朝北，五重院落。中區四路，坐北朝南。

　　其中，西三路各建四重院落，東路建兩重院落，再往東為馬家園林。北區一路，亦坐北朝南，兩重院落。除北區及中區東路外，每路均由四個「四

合院」組成，均開九個門，自前向後依次排列在一條中軸線上，形成前門、中廳、後樓「九門相照」的格局。前半部分，用來對外接待賓客，後半部分為內宅。

■馬氏莊園建築

莊園的北區位於中街路北，坐北朝南，前後兩個四合院，後院之東西又各建一跨院，稱為「亞元扁宅」。園內建築多為硬山頂式的樓房，原來是馬丕瑤祖上舊宅。馬丕瑤的四個兒子分家時，將此區分給了次子馬吉樟。

馬吉樟：字積生，號子誠，晚年號堅壯翁。馬丕瑤次子、馬吉森之弟、馬青霞的二哥。公元一八七九年中舉，公元一八八三年進士，選為庶吉士。曾任清末翰林院編修、國史館協修、會典館總校、侍講、侍讀、日講起居注官和湖北按察使等職。

中區在三區中是規模最大的，約占整座莊園的三分之二。它坐落在南街之北，亦坐北朝南，各類建築共計一百五十八間，由家廟一路和住宅三路組成。其中家廟居東，住宅區居西，四路建築各自成體系，左右又互相呼應。

家廟正門下層闢三道拱券門，上為讀書樓五間。頭進四合院東西廂房各五間，曰「東塾」、「西塾」。正房過廳五間，懸山頂，前後帶廊，高台基，名曰「燕翼堂」；後院廂房各三間，東為「遺衣物所」，西為「藏祭器所」。正殿五間，高大宏偉，名曰「聿修堂」，即享堂。前建月台。

懸山頂：是懸山式屋頂，宋朝時稱「不廈兩頭造」，清代稱「懸山」、「挑山」，又名「出山」，是中國古代建築的一種屋頂樣式。這種樣式也傳到日本、朝鮮半島和越南等地。在古代，懸山頂等級上低於廡殿頂和歇山頂，僅高於硬山頂，只用於民間建築，是東亞一般建築中最常見的一種形式。

住宅三路的建築形式及格局大同小異。中路大門高大宏偉，而東、西正門則均為洞券門，西路大門內又建有屏門。只有中路建有二門，內置屏門。後院又有不同：西路主房為平房五間，而中路、東路主房則各為樓房五間，東路東廂又為三間樓房。

在建築規格上，中路為高，東路次之，西路又次之。在建築時間上，西路較早，於公元一八八三年始建，中路於公元一八八七年始建，東路則於公元一八八九年始建。後來，馬氏兄弟分家，東路歸長子馬吉森所有，西路歸四子馬吉樞所有。

■馬氏莊園建築

　　南區與中區隔街相望，原設計為三路，其中東路建成於公元一九二四年，而中、西二路僅將大門及臨街房建成，後因時局變化，尚未建成。

　　南區東路坐南向北，亦為九門相照，前後共計四個四合院。其中頭進院和三進院相對較小，分別建有二門、三門，門兩側各為二間廊房，東西廂房各為三間；二進院和四進院比較大，其正房均為七間，東西廂房各為五間。

　　南區的建築規模和規格，都明顯高於中、北二區，這不僅表現在建築體量的增大，大門的增多，而且表現在精美的石、磚和木雕建築物件的大量使用。究其原因，南區為民國時期所建，已不再受封建社會的種種規定和限制。馬氏四兄弟分家時，分給老三馬吉梅。

■莊園內部裝飾

　　整個莊園的建築大部分為硬山頂、懸山頂、卷棚頂式，青磚藍瓦。莊園裝飾豐富多彩，石柱底部為方形，雕獸頭、花草，上部為扁鼓形，刻聯珠，部分門墩雕刻對獅。門窗上、房檐下都是木刻磚雕，圖案繁多，富麗堂皇。莊園留有家訓屏風，馬丕瑤「進士第」、馬吉昌「太史第」等眾多匾額和銅鏡，長二點八七公尺的慈禧「壽」字中堂，光緒御筆碑文。

　　銅鏡：一般是由含錫量較高的青銅鑄造，是人們不可缺少的生活用具。它製作精良，形態美觀，圖紋華麗，銘文豐富，是中國古代文化遺產中的瑰寶。鏡以秦代為古，批量鑄鏡始於秦朝。

　　屏風：古時建築物內部擋風用的一種家具，所謂「屏其風也」。屏風作為傳統家具的重要組成部分，歷史由來已久。屏風一般陳設於室內的顯著位置，造成分隔、美化、擋風、協調等作用。它與古典家具相互輝映，相得益彰，渾然一體，成為家居裝飾不可分割的整體，呈現出一種和諧之美、寧靜之美。

■馬氏莊園門樓

此外，建築群體之外，周圍還有馬氏義莊、廛莊、文昌閣、馬廄、倉庫、柴草庫、馬氏祠堂，以及北、中、南三座花園等附屬建築，總占地面積在七萬平方公尺以上。

整個莊園設計合理，布局嚴謹，主次分明，左右對稱，前低後高，錯落有致，氣勢宏偉壯觀，被譽為「中州大地絕無僅有的大型封建官僚府第」。

　　安陽這座具有三千三百多年歷史的古城，成為商代後期政治、經濟、文化的中心後，相繼又有三國時期曹魏、五代十六國時期後趙、前燕、東魏、冉魏、北齊等在安陽北郊的鄴城建都。安陽也因此成為中國的「七朝古都」。

【閱讀連結】

　　馬氏莊園的創始人馬丕瑤膝下有四男三女，他的子女中，有幾位在中國近代史上佔有一席之地。

　　長子馬吉森是一位著名的實業家，他開辦了安陽六河溝等煤礦，首創安陽廣益紗廠，成立安陽礦業總公司，開了河南地方民族工業之先河。

　　次子馬吉樟，進士出身，歷任翰林院編修、國史館協修、會典館總校、湖北提法使、按察使等職，深得朝廷器重。

　　三女馬青霞，又名劉青霞，光緒帝誥封她為「一品誥命夫人」。是中國著名的資產階級民主革命家、教育家、社會活動家，有「南秋瑾、北青霞」的美名。

七朝都城　古都開封

　　開封位於河南省東部，是中國八大古都，也是中國國務院首批公布的二十四座歷史文化名城之一。開封簡稱汴，有「十朝古都」、「七朝都會」之稱。

　　在中國的歷史上，開封曾被稱為大梁、汴梁、東京和汴京等。歷史上曾先後有魏國、後梁、後晉、後漢、後周、北宋和金七個王朝建都於開封。

　　開封城市格局形成較早，古城風貌濃郁，北方水城獨特，有著悠久的歷史文化。自北宋以來，開封就享有戲曲之鄉、木版年畫之鄉、汴繡之鄉、菊花之鄉和盤古之鄉的美譽。

▌從儲糧倉城演變而來的古都

■開封出土的古磚

開封位於河南省鄭州市以東的黃河中下游南岸，北依黃河，南接黃淮平原，東臨華東諸省。古稱汴梁、汴京、東京，簡稱汴，是中國七大古都之一，先後有戰國時的魏，五代時期的後梁、後晉、後漢、後周以及北宋和金朝定都於此。所以開封素有七朝都會之稱。

　　五代：五代十國簡稱五代。唐朝滅亡之後，在中原地區相繼出現了定都於開封和洛陽的後梁、後唐、後晉、後漢和後周五個朝代，以及割據於西蜀、江南、嶺南和河東等地的十幾個政權，合稱五代十國。五代並不是一個指朝代，而是指介於唐宋之間的一個特殊的歷史時期。

　　據考古發掘，在開封的萬隆崗遺址中有石鐮、陶器等新石器時代的遺物。在尉氏縣縣城西南的斷頭崗也發現一處新石器早期裴李崗文化遺址，相繼發掘有石器、陶器以及人骨和獸骨等。

■ 開封古城

　　這些考古發掘證明，早在五六千年前，在開封就已經有人類活動。不過，關於開封城的建立和命名，卻要從春秋和戰國時期說起。

　　春秋時期，開封境內先後建有「儀邑」和「啟封」兩座古城。「儀邑」是開封歷史上有記錄以來最早的名字，是衛國的一座小城，建在大湖蓬澤以

北。而啟封城是後來鄭莊公建在大湖蓬澤以南的儲糧倉城，取「啟拓封疆」之意，定名「啟封」。

戰國時期，七雄爭霸中原。地處關中的秦國不斷強大。為躲開秦國的威脅，原建都於山西安邑的魏國，於公元前三六四年遷至「儀邑」，並築「大梁」城。這是開封有明確歷史記載的第一次建都。

衛國：西周王朝的諸侯國。周武王滅商後，賜同母弟封康邑，史稱康叔封，後又將原來商都周圍地區和殷民七族封給康叔封，讓康叔遷徙至殷商故都，建立衛國，定都朝歌即今河南鶴壁市淇縣。秦滅六國時，衛國因為弱小而得以保存。

關中又稱關中平原，地處陝西省中部。西起寶雞大散關，東至潼關，南接秦嶺，北到陝北黃土高原，號稱「八百里秦川」，是中國重要的商品糧產區。

大梁城比現在的開封古城略大，位於現存開封城的西北部。魏國遷都大梁之後，引黃河水入圃田澤（即今鄭州圃田），開鑿鴻溝和引圃田水入淮河。水利即興，農業、商業得到極大發展，日趨繁榮。大梁遂發展為中原商業都會，人口達三十多萬。

■開封禹王台御書樓

秦國統一六國後，大梁城被毀。同時，秦國實行郡縣制，大梁作為敗亡國的國都被降為「浚儀縣」，從此，大梁降為一般郡縣城市。

郡縣制指對中國古代實行中央集權體制下，郡、縣二級政權的地方行政制度總稱。郡、縣長官均由朝廷任免，代表皇帝或國王對地方進行管理。秦統一後郡縣制遂遍行於全國，漢繼秦制，比秦更為嚴整。

公元前一六八年，梁孝王劉武先定都啟封，後遷商丘。他在啟封（即今開封市）東南方建築規模宏大的梁園，綿延數十里。

到了西漢時，漢文帝名字叫劉啟，為了避漢文帝名字的諱，就把啟封的「啟」改成「開」，因為啟和開是同義詞，這便是最早「開封」的由來。

在現存的開封古都內，至今還保存從遙遠的春秋和戰國時期遺留下來的名勝古蹟，這就是古都開封著名的禹王台。

禹王台，又名古侯台，位於開封城外東南約一點五公里處。現存地址已經開闢為禹王台公園。園內原有一土台，相傳春秋時，晉國大音樂家師曠曾在此吹奏樂曲，故後人稱此台為「吹台」。

後來，因開封屢遭黃河水患，為懷念大禹治水的功績，公元一五二三年，人們在吹台上建造一座禹王廟，廟內塑有高大的禹王像，東西兩個配殿安放師曠及李白、杜甫、高適三位詩人的塑像。禹王廟後改名禹王台。每年四月開封禹王大廟會都在此舉行，熱鬧非凡。

此外，在禹王台公園的西側，還有一座長約百公尺自然形成的寬闊高台，因附近原來居住姓繁的居民，故稱為繁台。北宋時期，每當清明時節，繁台之上晴雲碧樹，殿宇崢嶸，已經是一片早春的景色，是開封城內居民郊遊踏青的最佳地點。

北宋詩人石曼卿來此地春遊時寫詩云：「台高地回出天半，了見皇都十里春」。他用古詩讚美在繁台春遊時，還能欣賞到北宋皇都春天的景色。於是，著名的汴梁八景之一的「繁台春色」也由此而得名。

【閱讀連結】

　　現今禹王台公園內的主要景點有：紀念師曠的古吹台；康熙親書「功存河洛」牌匾的御書樓和乾隆御碑亭；為紀念李白、杜甫、高適三位大詩人登吹台吟詩作畫而建的「三賢祠」；紀念大禹治水的禹王殿；紀念三七位治水功臣的「水德祠」等。

　　園內古樹參天，奇樹佳卉，亭廊樓閣，風光旖旎。登臨其間，令人遊目騁懷而心曠神怡。「梁園雪霽」、「吹台秋雨」，從明清至今被譽為著名的汴梁八景之一。

　　林木茂盛、環境幽雅的禹王台公園現已成為古都開封的一處主要瀏覽勝地，是名副其實的千古名園。

北齊時期始建著名佛教寺院

　　公元五三四年，東魏孝靜帝設置「梁州」，以浚儀為州治，管轄陳留、開封和陽夏三郡。

■ 大相國寺鼓樓

幾年後，北齊文宣帝高洋占領汴州，為了宣揚自己的「建國」之功，文宣帝分別於公元五五五年和公元五五九年，在「汴州」興建了著名的「建國寺」和「獨居寺」。

這是開封古都最早佛教文化的傳播，對後來的東京文化的勃興做了前期的準備。

其中，「建國寺」的舊址原為魏公子無忌信陵君的故宅。文宣帝在此修建的「建國寺」，後來毀於戰火。

魏公子無忌：魏無忌，號信陵君，戰國四君子之首。魏無忌處於魏國走向衰落之時，他效仿孟嘗君田文、平原君趙勝的輔政方法，延攬食客，養士數千人，自成勢力。他禮賢下士、急人之困，曾在軍事上兩度擊敗秦軍，分別挽救趙國和魏國危局。

公元七〇一年，僧人慧雲來到汴州，發現此處有靈氣，即募化款項，購地建寺。動工時，從此地挖出了北齊建國寺的舊牌子，為此，為新建的寺院命名為「建國寺」。

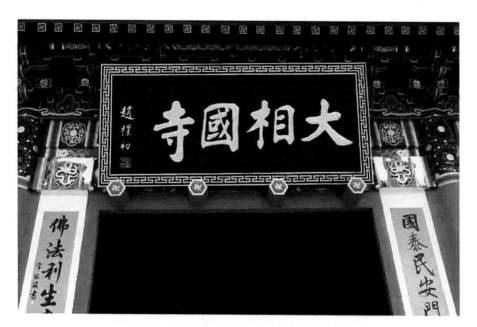

■大相國寺正門

公元七一二年，唐睿宗李旦為了紀念他由相王即位為皇帝，遂欽賜維修建國寺，為寺廟更名為「相國寺」，並親筆書寫「大相國寺」的匾額。

開封古都現存的大相國寺位於開封市中心，著名的「相國霜鐘」指的就是此寺院裡的銅鐘。

據載，鐘樓內所懸銅鑄大鐘一口為公元一七六八年所鑄，高約二點六七公尺，重五千多公斤。鐘體鑄有十六字銘文：

皇圖鞏固，帝道遐昌。

佛日增輝，法輪常轉。

當年，大相國寺每日四更鳴鐘，人們聞鐘聲就紛紛起床上朝入市，投入一天的生活。無論風雨霜雪，鐘聲從不間斷。特別是每逢深秋菊黃霜落季節，猛叩銅鐘，鐘樓上便傳出陣陣雄渾洪亮的鐘聲，聲震全城。因此有「相國霜鐘」的美稱。

■開封大相國寺內的佛像

在宋代時期，大相國寺更是深得皇家尊崇，多次擴建，占地約三十四平方公里，管轄六四個禪、律院，養僧千餘人，是當時京城最大的寺院和全國佛教活動中心。其建築有「金碧輝映，雲霞失容」之稱。

同時，相國寺的主持由皇帝賜封。皇帝平日巡幸、祈禱、恭謝以至進士題名也多在此舉行。所以相國寺又稱「皇家寺」。

北宋滅亡後，相國寺遭到了嚴重破壞，以後各代屢加重修，時盛時衰。現在相國寺的主要建築都是清代遺物，布局嚴謹，殿宇崇麗，高大寬敞，巍峨壯觀，確不愧為久負盛名的古寺寶剎。

再說和相國寺在同一時期內修建的獨居寺，此寺位於開封市東北處。唐玄宗開元年間，此寺改名為封禪寺。

公元九七〇年，寺院又重新改名為開寶寺。當時，寺院有二百八十區、二十四院，為開封之鉅剎，與大相國寺分轄東京各寺院僧侶。北宋歷代皇帝常在此遊幸或作佛事，並於寺內設禮部貢院，考試全國舉子。

貢院：古代會試的考場，即開科取士的地方。貢，就是透過考試選拔人才貢獻給皇帝或國家的意思。貢院最早始於唐朝，後世存有江南貢院、北京貢院、定州貢院和川北道貢院等遺址，其中江南貢院作為中國古代最大的科舉考場最為著名。

公元九八二年，為供奉佛舍利，寺院僧人在寺西的福勝禪院內增建一座八角十三層之木塔。這座木塔後來被命名為福勝塔。

此塔後來毀於雷火，公元一〇四九年重建。重建的佛塔和木塔式樣相同，改用鐵色琉璃磚瓦，塔壁上嵌有飛天、降龍、麒麟、菩薩、力士、獅子、寶相花等花卉人物五十餘種，是宋代磚雕藝術的佳作。

飛天：飛舞的天人。在中國傳統文化中，天指蒼穹，但也認為天有意志，稱為天意。在佛教中，娑婆世界由多層次組成，有諸多天界的存在，如三十三天、兜率天等。這些天界的眾生，中文翻譯為天人，個別稱為天神，常簡稱為天，飛天即此意。道教常稱作天仙。

■開封木塔

■開封鐵塔公園題刻

自明代起，開寶寺又被民間通稱鐵塔寺。公元一八四一年，黃河水圍開封城，此後，寺院便不存在了。不過，位於寺院旁邊的鐵塔卻保存了下來，並成為開封古都的知名建築。

現存的開封鐵塔享有「天下第一塔」的美稱，它以卓絕的建築藝術及宏偉秀麗的身姿而馳名中外。

鐵塔平面呈等邊八角形十三層實心塔，高五十五點八八公尺，塔身挺拔、裝飾華麗，猶如一根擎天柱，風姿峻然。塔下仰望塔頂，可見塔頂青天，景緻極為壯觀。

塔身內砌旋梯登道，可拾階盤旋而上，直登塔頂。當登到第五層時，可以看到開封市內街景，登到第七層時，可以看到郊外農田和護城大堤，登到第九層時便可見黃河如帶。

當登到第十二層時，便會感到置身在白雲中，所以，此塔又有「鐵塔行雲」之稱。

由於歲月的剝蝕，現存鐵塔原來的顏色已模糊不清，「日月麗層屑，今但存白黑。」、「白黑」複合偏義詞，即黑。所以鐵塔又有黑塔之稱。

此塔設計精巧，完全採用中國傳統的木式結構形式，塔磚飾以飛天麒麟、伎樂等數十種圖案，磚與磚之間如同斧鑿，有榫有槽，疊砌嚴密合縫。

伎樂：露天演出的音樂舞蹈劇，即中國的樂舞。由於隋初設置國伎、清商伎、高麗伎、天竺伎、安國伎、龜茲伎、文康伎七部樂而得名，傳入日本後或稱伎樂舞。相傳公元六一二年，在吳國學習樂舞的百濟人味麼之開始在日本傳授伎樂，隨後伎樂在日本逐漸盛行起來，並影響日本能樂。

開封鐵塔建成九百多年來，歷經戰火、水患、地震等災害，至今仍巍然屹立，讓建築專家和中外遊人嘆為觀止。

因此，可以說，開封鐵塔是開封古都現有的十三處國家級文物保護單位中，最具代表性的文物，也是文物價值最高、份量最重的寶物，有開封市「鎮市之寶」之稱。

【閱讀連結】

歷史上，開封城內的大相國寺可謂高僧輩出，名士薈萃。唐代畫家吳道子，以及著名文豪和思想家蘇軾、王安石等，都曾在該寺留有輝煌足跡。

《水滸傳》「魯智深倒拔垂楊柳」的故事，就發生在大相國寺。同時，寺院還有「資聖薰風」、「相國鐘聲」等景觀，也名列「汴京八景」之中，名聞遐邇。

此外，在每年新年和金秋十月時，大相國寺還要舉行元宵燈會以及一年一度的水陸法會。在這些日子裡，人們不僅可以欣賞到巧奪天工的燈飾，還可以參加豐富多彩的遊藝活動，盡情享受節日的歡欣。

▌歷朝古都留下的「城摞城」

公元九六〇年，宋太祖趙匡胤建立北宋，定都汴州，稱為「東京」。從此掀開了開封發展史中嶄新的一頁。

北宋：與南宋合稱宋朝，又稱「兩宋」。北宋由後周恭帝禪讓趙匡胤開始。太祖即位後將手握重兵的將軍與地方官吏的武將軍權予以剝奪，委以虛職，免於出現唐朝藩鎮割據的局面。但是這也導致宋朝在對遼及西夏的戰爭中失敗。公元一一二六年金兵攻入開封，次年滅亡。共歷九帝，一百六十七年。

之後，經過北宋九帝一百六十八年的大力營建，開封終於在十一世紀至十二世紀初成為中國、乃至世界上最大最繁榮的城市。

在此期間，北宋帝王們命人將開封城建成了由外城、內城、皇城三座城池相套的宏大城郭。

外城：又名新城、郭城、羅城，是北宋東京城軍事防禦的第一道屏障。這座城牆始建於後周顯德年間，宋朝以來，多次對外城進行修葺和擴建，使其逐步成為一座城高池深，壁壘森嚴的軍事城池。

據史記載：北宋後期，東京外城周長約為二點五公里，高約十四公尺，寬約二〇公尺，居住人口達一五〇餘萬。經金、元、明、清各朝代，開封城幾經戰火、水患，一代名城逐漸湮沒於歷史長河。

■趙匡胤（公元九二七年至九七六年），宋太祖，大宋王朝的建立者，祖籍河北涿州。公元九六〇年，他代周稱帝，建立宋朝，定都開封。在位十六年。在位期間，加強中央集權，提倡文人政治，開創中國的文治盛世。是一位英明仁慈的皇帝，是推動歷史發展的傑出人物。

■開封北宋皇宮遺址

　　現存的開封古城牆是中華人民共和國成立後，考古隊經過多次調查、鑽探和發掘發現的。

　　古城在開封地下三公尺至十二公尺處，上下疊壓六座城池，其中包括三座國都、兩座省城及一座中原重鎮，構成「城摞城」的奇特景觀。

　　其中，開封「城摞城」最下面的城池魏大梁城在地面下十餘公尺深。唐汴州城距地面十公尺深左右，北宋東京城距地面約八公尺深，金汴京城約六公尺深，明開封城約五公尺到六公尺深，清開封城約三公尺深。

　　整座古城是一個東西略短、南北稍長，由內向外依次築有皇城、內城、外城，並各有護城壕溝的都城。它不僅城高池深，而且牆外有牆，城中套城。

■開封府城門

現存外城周長近三十公里，其中西牆長約七點五公里，東牆長近八公里，南牆和北牆長約七公里。外城四周有護城河，寬約四十公尺，距今地面深一公尺左右。

城牆一般埋在地面下約四公尺深，底寬三十公尺左右，高六至九公尺，頂部殘寬近四公尺。城牆夯築，夯層厚八至十四公分，夯面上有較密的圓形夯印。位於開封市金明區西郊的高屯村和三間房村之間的西南城角保存最好，尚高出地面一公尺左右。

據文獻記載，外城原有兩座城門和九座水門，現已探明十九處。

這些城門，除東部只有四座城門以外，其餘三面都是五座城門。其中，位於東部東南的東水門和東北水門，西邊的西水門和西北水門，南部的普濟水門和廣利水門，以及北部的永聯水門，是為河道而準備的水門。

其他的城門，除了東邊的新宋門、南邊的南牆正門南薰門、西邊的西牆正門新鄭門、北邊的封丘門是直門兩重，也就是與原有的城門相重合，其餘城門都是「甕城三層，屈曲開門」。有的甕圈面積達一點三萬平方公尺，為歷代都城所少見。同時，新宋門、南薰門、新鄭門、封丘門與東南西北四條御街相連，是在不同方向上的四座主要城門。

甕城：為了加強城堡或關隘的防守，而在城門外修建的半圓形或方形的護門小城，屬於中國古代城市城牆的一部分。甕城兩側與城牆連在一起建立，設有箭樓、門閘、雉堞等防禦設施。甕城城門通常與所保護的城門不在同一直線上，以防攻城槌等武器的進攻。

其中，新鄭門在後周時又被稱為迎秋門，又因向西可直通鄭州且與內城鄭門相對，故又俗稱新鄭門。新鄭門外大道南北分別為北宋四苑之一的瓊林苑，和北宋時著名的皇家園林金明池。

後周：五代之一。公元九五一年，郭威稱帝，並改國號為周，史稱後周，定都開封。歷經三帝，共計十年。公元九六○年，殿前都點檢趙匡胤在領兵抵禦北漢和遼的進攻時，在開封東北的陳橋驛發動「陳橋兵變」，後周就此滅亡。

此城牆是在唐代汴州城的基礎上修建而成。整座內城呈東西稍長南北略短的正方形，坐落在現在開封市的舊城區。

內城：又稱闕城、裡城、舊城，是東京城的第二道城牆，也是衙署、寺觀和商業集中的地方。

其南牆位於現存明清城南牆北約三百公尺處，北牆位於宋代皇宮後御龍亭大殿北約五百公尺處。東西牆與現存的開封明清城牆東西牆基本重疊。四牆全長約十一點五公里左右，與文獻記載的「二十里一百五十五步」基本吻合，其周長較現存的明清城牆略小。

■開封府內陳設

■宋徽宗（公元一〇八二至一一三五）趙佶，宋哲宗的弟弟，是宋朝第八位皇帝。趙佶先後被封為遂寧王、端王。公元一一〇〇年，向皇后立他為帝。第二年改年號為「建中靖國」。宋徽宗在位二十五年，被俘受折磨而死，終年五十四歲，葬於永佑陵。他自創一種書法字體，被後人稱之為「瘦金書」。

　　由於內城在北宋末期靖康年間遭到較大破壞，金朝末年金廷定都開封期間曾擴展內城南北牆，所以內城遺址與外城遺址相比，毀壞較為嚴重。

　　內城的南北牆只剩下宋代地面下的牆基部分，距地表深八公尺至九點八公尺，牆基殘高零點六公尺至一點八公尺，殘寬三公尺至十公尺。

　　這說明金宣宗曾將內城南北牆剷平後又向外擴展，所以南北牆只保留了金代地面下的牆基部分。而內城的東西牆則沒有受到擴展的影響，因而保存得比較完好。

　　這些城牆遺址表明，金代和明清兩代都曾在宋內城基礎上屢次修築城牆，幾座不同時期的城牆疊壓在一起，便形成開封城下特有的「城摞城」奇特景觀。

　　據史載，北宋內城共有十座城門，兩座水門。由於內城遺址勘探中只能利用舊城內稀少的空地進行，因此很難確定城門的確切位置。迄今為止，只有朱雀門和汴河西角門子以及大梁門的位置已大致測定，其餘各門尚無蹤跡可尋。

　　其中，大梁門是開封古城的西門，始建於唐建中二年，即公元七八一年，北宋時又稱為「閶闔門」，俗稱西門。其城門樓後屢經戰亂和風雨水患，殘敗破落，終遭拆除。

　　開封現存的大梁門是中華人民共和國時期重建，是開封目前唯一重建的一座城門，成為古都的重要象徵。城門基採用青磚結構，設拱形門洞三個，城樓採用重檐歇山式建築風格，雕梁彩繪，古樸典雅，雄偉壯觀。

　　開封古城的皇城又稱大內、宮城，位於內城北部稍偏西處，也就是龍亭大殿北側到午朝門一帶，周長近二點五公里，共闢六門，南面正門為宣德門，宋徽宗在其畫作《瑞鶴圖》中，曾將宣德門的巍峨氣象如實描繪，使後人得以觀瞻其莊嚴肅穆、金碧輝煌的景象。

　　北宋皇城呈一東西略短、南北稍長的長方形。其東、西牆各長約六百九十公尺，南、北牆各長約五七十公尺，四牆全長約二點五公里左右，與史書《宋史·地理志》等記載的宋皇城「周回五里」大致吻合。在宮城南半

部中軸線上，有一處平面呈「凸」字形的夯土建築台基，是北宋皇宮內的正殿大慶殿。基址東西面闊約八十公尺，南北進深六多十公尺，殘高六公尺左右。台基四壁均用青磚包砌，四周環有寬約十公尺、長近一公里的包磚夯土廊廡基址，各面有門。

《宋史》：二十五史之一，公元一三四三年由元丞相脫脫和阿魯圖先後主持修撰，《宋史》與《遼史》、《金史》同時修撰。《宋史》全書有本紀四十七卷，志一百六十二卷，表三十二卷，列傳兩百五十五卷。共計四百九十六卷，約五百萬字，是二十五史中篇幅最龐大的一部官修史書。

■開封府內古文碑

■開封府復原圖

除在宋內城和皇城遺址發現的「城摞城」現象外，在考古過程中，考古專家們還發現古城很多「路摞路」、「門摞門」、「馬道摞馬道」的奇特現象。

馬道：古代建築上是指建於城台內側的坡道，一般是左右對稱建築。坡道的表面採用陡磚砌法，利用磚的棱面形成澀腳，俗稱「礓」，以便於馬匹和車輛往來上下。

繁華的中山路是開封市舊城的中軸線，其地下八公尺處，正是北宋東京城南北中軸線上的一條通衢大道——御街，中山路和御街之間，分別疊壓著明代和清代的路面。這種「路摞路」的景觀還意味著，從古代的都城到現代的城市，層層疊加起來的數座開封城，南北中軸線居然沒有絲毫變動。

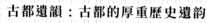

另外，考古學家還在開封城牆西門大梁門北側發掘出一條晚清時期的古馬道遺蹟，並在其下深約一公尺處，又發現一段保存完好、人行道和石階清晰可見的古馬道遺蹟。

更令人驚奇的是，在第二層古馬道下約零點五公尺深的地方，又發掘出一條磚層腐損嚴重、使用時間較長、年代更為久遠的古馬道。

三層古馬道上下層層相疊，以立體的形式展示了開封城下「城摞城」的奇特景觀，再次為「城摞城」現象的研究增添實證。

北宋東京城遺址發現之後，開封政府對重要遺蹟附近的建設工程嚴加控制。公元一九八九年劃定這些古城牆為文物保護範圍，並建立石質保護標誌碑。

【閱讀連結】

在中國古代都城發展史上，有一個頗為有趣的現象是，古都開封雖歷經兵燹水患，基本上都是在舊城址上屢建屢淹，又屢淹屢建，形成奇特的「城摞城」現象。那麼，當時的統治者為何這樣對開封情有獨鍾呢？

首先，從自然環境上看，開封與其他古都相比，有著極為優越的水利網絡設施，這裡一馬平川，河湖密布，交通便利。不但有人工開鑿的運河汴河與黃河、淮河溝通，還有蔡河、五丈河等諸多河流。並且開封還是這些河流的中樞和向外輻射的水上交通要道，這一點是中國其他古都遠遠不能比擬的。

從文化地理的角度來看，開封地處中原腹地，自古就有「得中原者得天下」的說法。這些原因讓古代的統治者不願輕易放棄這塊寶地。

▎繁榮北宋留下的古蹟與文化

在北宋統治開封古都的一百六十多年裡，城內交通水陸兼容，暢通無阻。都城建設在布局上、實行坊市合一，人口一度達到一百五十多萬。

　　同時，城內的商品經濟也得到空前的發展。開封古都不僅成為當時全國的政治、經濟、文化中心，而且成為「人口上百萬，富麗甲天下」的國際大都會。開封古都從此進入歷史上的黃金時代。

　　關於這段黃金時期，北宋著名宮廷畫家張擇端用一幅《清明上河圖》生動地描繪了出來。

　　■張擇端（公元一〇八五年至一一四五年），北宋畫家。字正道，琅邪東武，即今山東諸城人。宣和年間任翰林待詔，擅畫樓觀、屋宇、林木、人物。所作風俗畫市肆、橋梁、街道、城郭刻畫細緻，界畫精確，豆人寸馬，形象如生。存世作品有《清明上河圖》等。

這件享譽古今中外的傳世傑作，在問世以後的八百多年裡，曾被無數收藏家和鑒賞家把玩欣賞，也因此成為後世帝王權貴巧取豪奪的目標。

　　它曾輾轉飄零，幾經戰火，歷盡劫難……演繹出許多傳奇故事。現在，被作為故宮十大鎮館之寶之一，存放在北京故宮博物院內。

■《清明上河圖》局部

　　當然，在被北宋統治了一百多年的開封古都內，除了張擇端留下的著名畫作，還留下豐富的文物古蹟遺存。最著名的古蹟建築有：御街、開封府、包公祠、天波楊府、開寶寺鐵塔、金池和州橋等。

　　金池：也稱金明池，位於開封市西郊演武莊一帶，是北宋時皇家園林之一，也是當時水上遊戲和演兵的場所。在它周圍有仙橋，橋面三虹，朱漆闌楯，下排雁柱，中央隆起，稱作駱駝峰。仙橋橋頭有五殿相連的寶津樓，位

於水中央，重殿玉宇，雄樓杰閣，奇花異石，珍禽怪獸，船塢碼頭、戰船龍舟，樣樣齊全。

其中，御街是開封城南北中軸線上的一條通關大道，它從皇宮宣德門起，向南經過裡城朱雀門，直至外城南熏門止，長達約五公里。是皇帝祭祖、舉行南郊大禮和出宮遊幸往返經過的主要道路，所以稱其為「御街」，也稱「御路」，「天街」或者「宋端禮街」。

據《東京夢華錄》中記載，御街寬約兩百公尺，分為三部分，中間為御道，是皇家專用的道路，行人不得進入，兩邊挖有河溝種滿了荷花，兩岸種桃、李、梨、杏和椰樹，河溝兩岸有黑漆叉子為界。在兩條河溝以外的東西兩側都是御廊，老百姓買賣於其間，熱鬧非凡。

開封城內的開封府名揚中外，是北宋時期的天下首府。開封府規模龐大，氣勢宏偉。包拯任開封府尹時，鐵面無私，執法如山，扶正祛邪、剛直不阿，美名傳於古今。

故宮位於北京市中心，舊稱紫禁城。於公元一四二〇年建成，是明、清兩代的皇宮，是無與倫比的建築傑作。也是世界現存最大、最完整的木質結構的古建築群。故宮建築由前朝與內廷兩部分組成，四周有城牆圍繞，四面有筒子河環抱，城四角有角樓。四面各有一門，正南的午門是故宮的正門。

包公祠位於開封城西南碧水環抱的包公湖畔，占地一萬平方公尺左右。建有大殿、二殿、東西配殿、迴廊和碑亭等，風格古樸，莊嚴肅穆。東側為靈石苑，由石雕和水榭構成，典雅別緻。祠內列有包公銅像，龍、虎和狗銅鍘，包公斷案蠟像，包公史料典籍和《開封府提名記碑》碑文等。

包公：包拯，字希仁，北宋進士。累遷監察御史，建議練兵選將，充實邊備。歷任三司戶部判官，京東、陝西、河北路轉運使。多次論劾權幸大臣。公元一〇六一年任樞密副使。後卒於位，諡號「孝肅」。因不畏權貴，不徇私情，清正廉潔為世人稱道。

開封城內的天波楊府是北宋抗遼名將楊業的府邸，因位於京城西北隅天波門的金水河旁，故名天波楊府。史書記載，宋太宗趙光義為表示對楊家世

代抗遼報國的敬仰，敕在天波門的金水河邊建無佞府一座，並親筆御書「天波楊府」匾額。同時，他還下御旨：經天波府門，文官落轎，武官下馬。楊業為國捐軀後，改為家廟，名曰「孝嚴寺」。

天波楊府主體建築有鐘鼓樓、天波樓、東西配殿、楊家將群塑、佘太君廟、校場、點將台、帥旗以及楊家兵器等大量實物資料。園內花木繁茂，幽靜典雅。整座建築結構勻稱，古樸典雅，莊嚴肅穆。

佘太君：名賽花，曾祖父曾任後唐麟州刺史，隸屬李克用。父折德扆，後漢隱帝特任府州團練使。據清代兵部尚書畢沅《吳中金石記折克行碑》中記載，折恭武公克行神道碑，在府谷縣孤山堡以南，碑刻敘述有關折太君的事跡。人們就把此碑稱為折太君碑。其墓在保德州南折窩村。折太君即佘太君。

■天波楊府正門

■包拯畫像

　　州橋是北宋時期開封京城內橫跨汴河、貫通皇城的一座石橋，位於開封市大紙坊街東口至小紙坊街東口之間。據《東京夢華錄》記載，州橋是一座鐫刻精美、構造堅固的石平橋，是四通八達的交通要道，也是當時汴河橋中最壯觀的一座。

　　除此之外開封古城的水運也十分興隆，光是貫穿全城的水道就有汴河、惠民河、五丈河和金水河。

　　朱仙鎮位於汴州城南十公里處，北宋末年著名抗金大將岳飛曾率軍於此大破金兵，為紀念其功績，有人在朱仙鎮建了一座規模宏大的岳王廟。

　　朱仙鎮岳飛廟，俗稱岳王廟。該廟始建於公元一四七十年秋。該廟占地一點八萬平方公尺。這座廟坐北朝南，外廊呈長方形，三進院落。經明、清兩代的多次整修和重建，整個殿堂恢宏莊嚴，碑亭林立。朱仙鎮岳飛廟與湯陰、武昌和杭州岳飛廟，統一稱為全國四大岳飛廟，享譽中外。

河南開封朱仙鎮岳飛廟

在廟內前院正殿中供有岳飛及其部將的塑像，後院大殿裡有岳飛夫婦塑像，東西廂房裡分別供著岳飛的兒子和兒媳的塑像。廟院裡保存有兩座岳飛親筆書寫的《送紫岩張先生北伐詩》和《滿江紅》詞碑刻。

【閱讀連結】

雖然很多人認為《清明上河圖》的作者是北宋時期的張擇端，但也有一說認為此畫不只由張擇端一人所畫。

這幅作品歷時十年才畫成，受到歷代畫家的喜愛，因而又有了許多仿本出現。其中「明四家」之一仇英仿作的《清明上河圖》影響最大，蘇州一帶仿間大都以「仇本」為底本。

中華人民共和國成立後，在開封市龍亭湖西岸，建成了以宋代畫作《清明上河圖》為藍本，按照《營造法式》為建設標準的清明上河園。此園集中再現了《清明上河圖》上的風物景觀，再現世界聞名的古都汴京千年繁華的勝景，是中國第一座以繪畫作品為原型的仿古主題公園。

金末時始建道教名觀重陽觀

公元一一六九年，道教全真教創始人王重陽帶領丘處機等四個弟子來到開封古都，寓居於瓷器王氏的旅館中。

在開封，王重陽收時稱「孟四元」的孟宗獻為徒。那麼，什麼是「孟四元」呢？就是「四元及第」的意思。

要知道，在中國古代，「三元及第」是讀書人的最高夢想。

在中國上千年的科舉史上，只有十二人曾經「三元及第」。而孟宗獻鄉試、府試、省試、廷試都是第一，是中國科舉史上唯一的「四元」狀元。

由於這位孟宗獻在當時非常出名，為此，當他拜王重陽為師後，此事在開封古都引起了一時的轟動。

王重陽：（公元一一一二年至一一七十年），中國道教分支全真道的始創人，後被尊為道教的北五祖之一。他有七位出名的弟子，在道教歷史上稱為北七真。著作有傳道詩詞約千餘首，另有《重陽立教十五論》、《重陽教化集》、《分梨十化集》等，均收入《正統道藏》。

開封延慶觀牌匾

■開封延慶觀銅像

　　幾年後，王重陽在開封仙逝，他的靈柩暫放於孟宗獻家的後花園中。他的喪事也是由新弟子孟宗獻一手操辦。

　　據說，王重陽寓居瓷器王氏旅館期間，王氏對王重陽不太禮貌。王重陽對王氏說道：「我現在住在這個地方，他日要讓子孫為我在此建一座宮殿。」

　　王氏認為王重陽是在發狂言，說氣話。但沒想到，王重陽逝世的幾年後，他的弟子們為了紀念他，買下王家大宅，並在原址上大興土木，歷時三十年，建起一座廣袤七里、氣壓諸方的壯麗道觀。

　　由於此道觀是為了紀念王重修而修建的，為此，道觀建成後，人們為它取名為重陽觀，又名朝元宮。

　　後來，原道觀毀於兵火，現存建築為公元一三七三年重建，並改名為延慶觀。

延慶觀位於開封市市中心的觀前街，南臨開封府、東為相國寺、西接包公祠，是開封市包公湖風景區重要景點之一。它與北京的白雲觀，四川的常道觀並稱為中國的三大名觀，堪稱為中原第一道觀。

延慶觀的主體建築玉皇閣，又名通明閣，坐北朝南，通高十八點二五公尺。用青磚和琉璃瓦件構成，結構嚴謹，富於變化，共為三層。下層為方形，四坡頂，室內下方上圓，四角砌出密集斗栱，頂似蒙古包，中層呈棱狀，八面壁體上附加相互連接的八座懸山式建築山面。

上層為八角閣室，南北各辟一門，室內放置玉皇及左右侍臣石雕像。閣頂作攢尖式，琉璃瓦頂上施銅質火焰玉珠。結構奇特，色彩絢麗。

攢尖式：攢尖式屋頂，沒有正脊，只有垂脊。垂脊的多少根據實際建築需要而定，一般雙數居多，單數較少。如：有三條脊的，有四條脊的，有六條脊的，有八條脊的，分別稱為三角攢尖頂，四角攢尖頂，六角攢尖頂，八角攢尖頂等。

玉皇閣是一座漢蒙文化巧妙結合的、具有元代特徵的明代無梁閣，距今已有七百多年歷史。

院內建築呈中、左、右三路分布格局，中路為二進院落，從南至北依次為穿心殿、玉皇閣、三清殿；左路有六十甲子殿、八仙醉酒殿廊等；右路是重陽殿。寺院坐北朝南，在建築上保留宋元時期漢文化同蒙古文化融合的顯著特徵。

道觀內最著名的文物有：漢白玉雕玉皇大帝、玄武大帝銅像、蒙古騎獅武士、八仙醉酒圖、木雕、磚雕。

其中，有「三絕」屬獨有奇觀：

■開封延慶觀建築

玉皇大帝雕像

　　玉皇大帝為明代觀內原存文物，此佛像雕刻精細，有極高的文物價值。

　　蒙古騎獅武士為蒙古武士頭戴尖頂卷邊氈帽，腳穿筒靴，身穿皮毛衣服。紋路清晰，充分體現漢蒙文化的結合。

　　玄武大帝銅像為公元一四八六年鑄造，銅像高一點九六公尺，重一千公斤。

開封古都內的延慶觀景區面積達一千五百平方公尺，建築保存基本完好。該觀在中國道教史、建築史、藝術史、民族關係史上均佔有重地位。而且，它的存在也使開封地區自宋朝以來的古建築保持了宋、元、明、清的完整序列。

【閱讀連結】

全真道是中國道教後期的兩大派別之一，也稱全真派。金初創立。因創始人王重陽自題居庵為全真堂，凡入道者皆稱全真道士而得名。

該派汲取儒、釋部分思想，聲稱三教同流，主張三教合一。以《道德經》、《般若波羅蜜多心經》、《孝經》為主要經典。教人「孝謹純一」和「正心誠意，少思寡慾」。

王重陽死後，他的弟子馬鈺等七人繼續傳道，創遇仙、南無、隨山、龍門、崙山、華山、清靜七派，但教旨和修煉方式，大致相似。

▌清代富商集資修成山陝會館

公元一六四二年，由於黃河水患，汴城被淹，直到清初，開封古城仍是廢墟一片。經過一百多年的休養生息，到乾隆年間，開封日漸繁華，南來北往的客商紛至沓來。

在此期間，商業以農產品、布匹及日用貨品充市為主，大多操在山西客商行幫之手。這些客商為擴大經營，保護自身利益而籌結同鄉會。又聯合了陝西和甘肅等地的富商巨賈，集資把開封古城內，明代「開國元勳第一家」中山王徐達府的地盤買下，並在此遺址上修成著名的山陝甘會館，成為富商們和同鄉聚會的場所。

■徐達（公元一三三二年至一三八五年），明朝開國軍事統帥。字天德，漢族人。出身
　農家，少有大志。徐達智勇兼備，戰功卓著，位於諸將之上。吳元年，升為左相國，被
　封為大將軍。後又任中書右丞相，封為魏國公，追封中山王。

　　山陝甘會館簡稱「山陝會館」，位於河南省開封市內徐府街。此會館始
建於公元一七六五年，距今已有兩百多年的歷史。

　　會館為一處庭院式的建築，主體建築由照壁、戲樓、鐘鼓樓、牌坊、正
殿和東西配殿等組成。整個建築布滿磚雕、石雕和木雕，堪稱會館三絕。這

些雕刻藝術將佛教故事、傳奇人物雕製得唯妙唯肖，生動逼真，具有很高的藝術價值。

■開封山陝會館

其中，照壁、戲樓、牌樓和大殿等置於中軸線上，附屬建築位於東西兩側，建築之間以檐廊串聯，整座建築群整齊而精緻。

牌樓：一種有柱、門形構築物，比較高大。舊時牌樓主要有木、石、木石、磚木和琉璃幾種，多設於要道口。牌樓曾作為多屆世博會中國館的門面建築，其中，公元一八六七年世博會中國館牌樓使用木、竹和麥稈等材料，造型簡單，賞心悅目。

會館內的照壁臨街而建，覆以廡殿頂、綠琉璃瓦，顯得方正莊重。照壁兩側有飛檐高聳的東西掖門。

進入會館，迎面是戲樓。戲樓又稱歌樓，舊時每逢節日、祭祀、還願、祝壽等活動，這裡均有精彩演出。

戲樓上的木雕為鏤空透雕，上下寬度達一點七公尺，雕刻題材有象徵吉祥如意的各種瓜果、花鳥、動植物、山水、人物、神獸、龍鳳等，雕刻技法精湛。景物玲瓏剔透，栩栩如生，加之丹青彩畫，更顯得絢麗多彩，金碧交輝。

丹青：中國古代繪畫常用朱紅色、青色，故稱畫為「丹青」。民間稱畫工為「丹青師傅」。丹青也泛指繪畫藝術，如《晉書·顧愷之傳》中有述：「尤善丹青。」因丹青兩色不易變易，丹青也比喻堅貞，如丹青不渝。

會館內還有垂花門、鐘鼓樓、東西配殿、東西跨院等建築，院內樹木扶疏、花香鶯啼，頗有意境。

會館布局嚴謹，建造考究，裝飾華麗。最值得一提的就是館內的雕刻和丹青，館內遍布各種各樣的木雕、石雕和磚雕等，雕工精美，栩栩如生，是中國雕刻藝術中的珍品，而各色的丹青彩繪極具民族特色，具有極高的藝術價值。

會館坐北向南，門前有一座雕磚砌成的大照壁。高約七公尺，上蓋黃綠琉璃瓦。正面磚刻透雕山石、人物、花鳥、花果、博古等圖案，背面正中嵌有一塊約一點六六公尺見方的石雕。石雕外方內圓，浮雕雙龍戲珠，四周十二條小龍相對盤繞，外層有花紋鏤圈。

抱鼓石一般是指位於宅門入口、形似圓鼓的兩塊人工雕琢的石製構件。因為它有一個猶如抱鼓的形態承托於石座之上，故名。抱鼓石民間稱謂較多，如：石鼓、門鼓、圓鼓子、石鑼鼓、石鏡，等等。宅門抱鼓石是門枕石的一種，在傳統民宅大門前很常見，如北京四合院的垂花門、徽州祠堂的版門等。

由照壁入內，東西兩廂，鐘樓鼓樓對峙，樓頂琉璃瓦覆蓋，中裝葫蘆寶瓶。下有兩層飛檐，四根通柱，十二根小柱。柱間樹以隔扇，圖案幾何圖形，通風透光，明亮雅緻。樓內懸鐘置鼓，莊嚴秀拔，擊之，鐘聲嘹亮，鐘音雄渾。

順著甬道向北有一座牌樓，面闊三間，氣勢雄偉，裝飾堂皇。次間向前後叉開，形成五樓三牌坊。中樞高聳，左右夾輔，飛檐參錯，斗栱交互。旁邊珠柱四立，有抱鼓石保護。石面雕刻龍虎相鬥，雙鳳朝陽，蝙蝠撲雲神話故事等。

過牌樓，中為二殿，左右配殿，再北為正殿。這些殿宇，都用琉璃瓦覆蓋，金碧輝煌，鮮瑩耀目。脊飾華麗，有獅擁蓮台，象馱寶瓶，奇獸奔馳等景。各殿裝飾，有如一座畫廊，天上人間，飛禽走獸，花卉瓜果，琴棋書畫，琳瑯滿目，美不勝收。

■山陝會館內的影壁二龍戲珠

東西配殿的雕刻以人物為主，雕刻大大小小的人物和神仙故事。畫中的男女老少，個個表情豐富。一些佛教故事、傳奇小說、戲劇場面中的人物都置於山水、亭榭、廟宇和閣樓間，層次分明，妙趣橫生。

二殿前，雕刻鳳凰牡丹、花卉鳥獸等圖案，布局巧妙，調工精美。全部透空雕成的飛龍，姿態活潑，栩栩如生，儼然真龍自天而降。花卉中的蘭、竹、菊、桃、芭蕉、枇杷、靈芝、葡萄，鳥獸中的仙鶴、喜鵲、山鷹、鹿、馬、獅、虎……形神兼備、儀態各殊。

開封古城內的這座華麗的會館，建築藝術別具風格，各殿精美的石雕、木雕和琉璃製品，堪稱清代雕刻藝術的珍品。

【閱讀連結】

在山陝會館內照壁中間，有一塊約為一點七公尺見方的「二龍戲珠」石雕。這幅圖案不僅雕刻精美，而且還別有新意。兩條龍被雕刻得活靈活現，栩栩如生。

但是，這裡二龍所戲的「珠子」，卻不是常見的圓形寶珠，而是一隻蜘蛛。那麼，這是為什麼呢？

原來，古代的商人們認為，蜘蛛吐絲結網，寓意繡商的人際網絡也像蜘蛛網一樣，越結越廣，越結越大，朋友遍天下，生意越做越旺。為此，這裡「二龍戲珠」的寶珠，便用了蜘蛛替代。

古都杭州兩朝都城

杭州市簡稱杭，古時杭州曾稱「臨安」、「錢塘」等。位於中國東南沿海、浙江省北部，錢塘江下游北岸，是浙江省省會，浙江省政治、經濟、文化、金融和交通中心之一。

杭州在秦時設縣，是五代時期吳越國西府和南宋都城，是中國八大古都之一。杭州市內有西湖、西溪濕地等眾多名勝古蹟，也有浙江大學這樣的學府。宋代以後有「上有天堂，下有蘇杭」的美譽。

杭州是中國東南重要交通樞紐，副省級城市之一，是中國最大的經濟圈——長三角的副中心城市。

▎千古雷峰塔和名剎靈隱寺

杭州是中國八大古都之一，自古就是魚米之鄉、絲綢之府和文物之邦。宋代以後，就有「人間天堂」的美譽。杭州在周朝以前，屬於揚州管轄地域。傳說在夏禹治水時，全國被分為九州，長江以南的廣闊地域均泛稱揚州。

春秋時期，吳越兩國爭霸。杭州先是屬於越國，後來屬於吳國。

越國：又稱於越，是春秋戰國時期位於中國東南方的諸侯國，都城在今浙江紹興。春秋五霸之一的勾踐是第三十九代越王。史書稱越國為夏朝少康庶子於越的後裔，國君為姒姓。公元前四七三年，越國滅吳國後，勢力範圍一度北達江蘇，南入閩台，東瀕東海，西達皖南、贛東，雄踞東南。

吳國：公元前十二世紀至公元前四七三年，存在於長江下游地區的姬姓諸侯國，也叫勾吳、工吳、攻吾、大吳、天吳、皇吳。吳國是春秋中後期最強大的諸侯國之一，在吳王闔閭、夫差時達到鼎盛。公元前四七三公元年，越王勾踐復仇，吞併吳國。

公元九七七年，吳越國王錢俶為了祈求國泰民安，在西湖南岸的夕照山上專門建造了雷峰塔。雷峰塔原名皇妃塔，又名西關磚塔，古人更多地稱為「黃妃塔」。

雷峰塔歷經修葺，才得以存留後世，成為西湖最壯觀的景緻之一。後世所建的雷峰新塔建在舊址之上，保留了舊塔被燒燬之前的樓閣式結構，完全採用南宋初年重修時的風格、設計和大小建造。

新塔通高約七十一公尺，由台基、塔身和塔剎三部分組成。其中塔高四十九點一七公尺，塔剎高十六點一公尺，地平線以下的台基為九點八公尺。由上至下分別為：塔剎、天宮、五層、四層、三層、二層、暗層、底層、台基二層和台基底層。

■杭州雷峰塔

塔身的設計沿襲雷峰塔被燒燬前的平面八角形樓閣式制型，外觀是一座八面、五層樓閣式塔，保留宋塔的慣有風格。各層蓋銅瓦，轉角處設銅斗拱，飛檐翹角下掛銅風鈴，風姿優美，古色古韻。同時，在塔的二至五層還有外挑平座可供觀景。

塔頂採用貼金工藝。它的外形具有唐宋時期江南古建築的典型風格，遠處望去，金碧輝煌。專門為保護遺址而建的保護罩呈八角形，建築面積三千一百三十三平方公尺，外飾漢白玉欄杆。保護罩分上下兩層，將雷峰塔遺址完整地保護起來。

打開一道沉沉的古式門，走進新塔底層，便見古塔遺址。站在台基二層就可看到遺址的模樣。

新塔穹頂內壁闢有二千零二個塔龕，每個龕內安放著一個小金塗塔，穹頂和梁上均為銅質金或貼金。穹頂設有天宮，藏有雷峰塔重修記、新塔模型等。

穹頂：又叫圓頂，一般有兩種解釋，一是懸垂的半球體空間或面積，穹或穹形面的頂點或頂部。二是特指圓拱的道路的中央和其邊緣間高度的區別。穹頂是一種常見建築結構，外形類似一個空心球體的上半部。圓頂的橫切面也可以呈橢圓形。圓頂在建築學中有悠久的歷史，可以回溯到史前時期。

■雷峰塔

　　雷峰新塔也是古今中外採用銅件最多、銅飾面積最大的銅塔。塔基底部闢有井穴式地宮，珍藏有佛螺髻髮舍利的純銀阿育王塔和龍蓮座釋迦牟尼佛坐像等，數十件佛教珍貴文物。古塔塔身上部的一些塔磚內，還祕藏雕版印刷的佛教《一切如來心祕密全身舍利寶篋印陀羅尼經》經卷。

　　重修後的雷峰塔見證杭州西湖的悠久歷史，也成為杭州最著名的景觀之一。

　　話說，當年越國滅了吳國以後，杭州又重新歸屬越國。到了戰國時期，楚國滅了越國，杭州又重新歸屬楚國。秦始皇統一六國後，曾在靈隱山麓設立縣治，稱為錢唐，歸屬於會稽郡。

　　到了西漢時期，沿用秦代規制，杭州仍稱錢唐。新莽時期，一度改錢唐為泉亭縣。到了東漢，又重新設置錢唐縣，歸屬於吳郡。

東漢時期，杭州的農田水利興修初具規模，並從寶石山至萬松嶺修築了第一條海塘，西湖開始與海隔斷，成為內湖。

　　三國、兩晉、南北朝時期，杭州屬於吳國的吳興郡，歸古揚州。公元三二六年，印度佛教徒慧理在飛來峰下建造靈隱寺，成為西湖最古的禪宗建築。

　　靈隱寺是杭州最古老的名剎，也是中國佛教禪宗十大古剎之一。該寺地處杭州西湖以西靈隱山麓，背靠北高峰，面朝飛來峰，兩峰挾峙，林木聳秀。

　　靈隱寺的開山祖師是西印度僧人慧理和尚。他在東晉時期由中原雲遊至此，便於飛來峰前建寺，名為靈隱。

　　靈隱寺初建時佛法未盛，到了南朝梁武帝時期，梁武帝賜田並擴建，規模逐漸龐大起來。

　　公元五四九年，升錢唐縣為臨江郡。公元五八七年，又設置錢唐郡，管轄錢唐、於潛、富陽和新城四縣，歸屬吳州。

■杭州靈隱寺翠微亭

隋王朝建立後，於公元五八九年，廢郡為州，「杭州」之名第一次出現。當時杭州下轄錢唐、餘杭、富陽、鹽官、於潛和武康六縣。

州治最初設在餘杭，公元六九〇年遷到錢唐。

公元五九一年，也就是開皇十一年，隋王在鳳凰山依山築城，城周長八公里，這是中國最早的杭州城。

公元六〇七年，隋代改置餘杭郡。公元六一〇年，楊素鑿通江南運河。從現在的江蘇鎮江起，經蘇州、嘉興等地而達杭州，全長約四百公里。自此，拱宸橋成為大運河的起點。

正是由於所處的重要地理位置，更加促進杭州經濟文化的迅速發展。當時，餘杭郡有一萬五千多戶，杭州戶口統計由此開始。

唐代，置杭州郡，旋改餘杭郡，治所在錢唐。因避國號諱，於公元六二一年改「錢唐」為「錢塘」。

唐太宗時期屬江南道，公元七四二年復名餘杭郡，屬江南東道。公元七五八年又改為杭州，歸浙江西道節度，州治一度在錢塘，轄錢塘、鹽官、富陽、新城、餘杭、臨安、於潛、唐山八縣。

【閱讀連結】

關於杭州古名的來歷，還有一種說法。

話說，遠古時期，夏禹來到此地以後，見碧波萬傾，被優美的景緻深深吸引。但是，卻一時沒有船隻引渡。於是，夏禹便想出一個辦法。他命人迅速集來木材，在最短的時間內，造了一條小舟來引渡。

夏禹走後，人們便把此地稱為「禹杭」。後來，由於人們的口口相傳，便把「禹」字音訛化為「餘」，於是就稱此地為「餘杭」了。

五代以後成為歷代繁華之都

　　吳越國偏安東南，建西府於杭州。當時的杭州稱西府，州治在錢塘，轄錢塘、錢江、餘杭、安國、於潛、唐山、富陽、新城八縣。在吳越三代、五帝的統治下，杭州發展成為全國經濟繁榮和文化薈萃之地。歐陽修在《有美堂記》裡有這樣的描述：

　　錢塘自五代時，不煩干戈，其人民幸福富庶安樂。十餘萬家，環以湖山，左右映帶，而閩海商賈，風帆浪泊，出入於煙濤杳靄之間，可謂盛矣！

■歐陽修（公元一〇〇七年至一〇七二年），字永叔，號醉翁，晚年又號「六一居士」，自稱廬陵人。謚號文忠，世稱歐陽文忠公。北宋卓越的政治家、文學家、史學家，「唐宋八大家」之一。後人又將其與韓愈、柳宗元和蘇軾合稱「千古文章四大家」。

公元七七一年，靈隱寺曾作過全面修茸，香火旺盛。然而，唐代末年「會昌法難」，靈隱受池魚之災，寺毀僧散。直到五代吳越王錢鏐，命請永明延壽大師重興開拓，並新建石幢、佛閣、法堂及百尺彌勒閣，並賜名靈隱新寺。靈隱寺鼎盛時期，曾有九樓、一八閣、七十二殿堂，僧房一千三百間，僧眾達三千多人。

錢鏐：字具美，一作巨美，小字婆留，杭州臨安人。五代吳越國的創建者。唐末擁兵兩浙，統十二州，封吳王、吳越王，兼淮南節度使，後自稱吳越國王，在位四十一年。謚號武肅王，葬安國縣衣錦鄉茅山。臨終前為其子孫留有萬餘字的遺囑，錢家後人世世代代相傳。

延壽大師：佛教唐末五代僧。先後任庫吏及鎮將，悟得「世事無常」之理。三十歲出家。公元九六一年應吳越王錢叔的邀請，駐錫永明寺。倡禪淨雙修，指心為宗，四眾欽服，被奉為淨土宗六祖。他開創的禪淨雙修，使淨土宗普及民間。著《萬善同歸集》、《四料簡》等。

宋代皇室對靈隱寺非常重視。公元一〇〇七年，宋真宗改靈隱寺為靈隱山景德寺。

公元一〇二一年，真宗賜名「景德靈隱禪寺」，公元一〇二四年，章懿太后賜錢給靈隱寺，作為修茸寺廟之用。

後來，又因靈隱寺齋僧施粥的需要，朝廷又於公元一〇三〇年，將位於杭州、秀州兩地良田賜與靈隱寺作為廟產。

公元一一〇七年，杭州升為帥府，管轄錢塘、仁和、餘杭、臨安、於潛、昌化、富陽、新登和鹽官九縣。當時人口已達二十多萬戶，為江南人口最多的州郡之一。

杭州經濟繁榮，紡織、印刷、釀酒、造紙業都較發達，對外貿易進一步開展，是全國四大商港之一。杭州歷任地方官，十分重視對西湖的整治。

■靈隱寺大雄寶殿

公元一〇八九年，著名詩人蘇東坡任杭州知州，再度疏濬西湖，用所挖取的葑泥，堆成橫跨南北的蘇堤。上有六橋，堤邊植桃、柳、芙蓉，使西湖更加美化。又開通茅山和鹽橋兩條河流，再疏六井，極大地方便了百姓的生活。

經過北宋一百五十多年的發展，到了南宋，杭州進入鼎盛時期。

公元一一二九年，杭州升為臨安府。公元一一三八年，南宋把行宮定在此地，杭州城垣因而大肆擴展，分為內城和外城。內城，即皇城，方圓四點五公里，環繞鳳凰山，北起鳳山門，南達江干，西至萬松嶺，東抵候潮門。在皇城之內，興建殿、堂、樓、閣，還有多處行宮及御花園。

■靈隱寺佛像

　　外城南跨吳山，北截武林門，右連西湖，左靠錢塘江，氣勢宏偉。設十三座城門，城外有護城河。由於有許多北方人隨朝廷南遷，使臨安府人口激增。公元一二六五年至一二七四年間，杭州居民增加到一百二十四多萬人。

　　清朝初年，在杭州城西沿西湖一帶建造「旗營」，俗稱「滿城」。城牆周圍五公里，南至今開元路，北靠法院路，東臨中山中路附近，西面包括湖濱公園，並闢有六座城門。總占地約九百五十七平方公里，成為杭州的「城中城」。城中城後被拆除。杭城三面環山，古木參天，風景清幽，山間溪水滋潤茂林修竹，景緻怡人。

■杭州城牆

古城除自五代以來，唐、宋、元時期遺存了大量的摩崖石刻。這些石刻大都集中在西湖的四周，因此也稱「西湖石窟」。

此外，杭州城有名的造像約有十九處，其中較為集中的有靈隱禪寺前的飛來峰造像，規模最大的約有四百多尊。這些造像形神兼備，成為杭州古城的著名遺蹟。

【閱讀連結】

公元一〇四九年，宋朝廷又賜給靈隱寺御繡《觀音心經》兩卷、《回鑾碑》及飛白黃羅扇等御用之物。由此可見，當朝者對靈隱寺的重視程度。

當時，契嵩是北宋雲門宗的名僧，主張融合儒釋兩教，強調佛儒兩家都以「教人為善」為宗旨，「相資善世」，因而受到朝野上下的一致敬重。

自此契嵩到靈隱寺後，靈隱寺便名聞遐邇。當時，海內外佛教信徒紛紛前來探求佛法，靈隱寺因而成為名副其實的禪宗聖地。

國家圖書館出版品預行編目（CIP）資料

古都遺韻：古都的厚重歷史遺韵 / 張學亮 編著 .-- 第一版 .
-- 臺北市：崧燁文化，2019.11
　　面；　公分
POD 版

ISBN 978-986-516-150-7(平裝)

1. 古都 2. 中國

681.1　　　　　　　　　　　　　　　108018719

書　　　名：古都遺韻：古都的厚重歷史遺韵

作　　　者：張學亮 編著

發 行 人：黃振庭

出 版 者：崧燁文化事業有限公司

發 行 者：崧燁文化事業有限公司

E－ma i l：sonbookservice@gmail.com

粉 絲 頁：　　　　　　網 址：

地　　　址：台北市中正區重慶南路一段六十一號八樓 815 室

8F.-815, No.61, Sec. 1, Chongqing S. Rd., Zhongzheng

Dist., Taipei City 100, Taiwan (R.O.C.)

電　　　話：(02)2370-3310 傳　真：(02) 2388-1990

總 經 銷：紅螞蟻圖書有限公司

地　　　址：台北市內湖區舊宗路二段 121 巷 19 號

電　　　話：02-2795-3656 傳真 :02-2795-4100　　　網址：

印　　　刷：京峯彩色印刷有限公司（京峰數位）

定　　　價：299 元

發行日期：2019 年 11 月第一版

◎ 本書以 POD 印製發行